# Autobiografía
## LUIS ENRIQUE

 HarperCollins *Español*

© 2017 por Luis Enrique Mejía López.

Publicado por HarperCollins Español, Estados Unidos de América.

Editora en Jefe: *Graciela Lelli*

Edición: *Juan Carlos Martín Cobano*

Diseño: *Grupo Nivel Uno*

ISBN: 978-0-71809-205-4

Impreso en Estados Unidos de América

17 18 19 20 DCI 6 5 4 3 2 1

# CONTENIDO

## *Prólogo*

*L*a jornada que me llevó al activismo comenzó cuando, aunque indocumentada, a diferencia de mis hermanas y mis amigos de High School, logré entrar a la universidad. Sentí que tenía que hacer algo cuando vi a mi amigo pianista, supertalentoso, trabajando lavando carros. Él lavaba con sus manos un automóvil rojo, cuando hacía solo unos cuantos meses atrás, nos había deleitado con su talento en un concierto en nuestra escuela.

La vida de los inmigrantes es una vida dura. La incertidumbre que uno vive cuando es indocumentado lo hace sentir solo y rechazado. Y aunque siempre se hable del trabajo duro y necesario que hacen los inmigrantes, también se escucha decir que los inmigrantes somos vagos e irresponsables, porque no tenemos papeles o, como muchos piensan, no queremos tener papeles.

La *Autobiografía* de Luis Enrique me conmovió y sus palabras llegaron hasta lo más profundo de mi corazón. Con solo 15 años cruzó fronteras a un mundo desconocido, con nuevos modales, lenguaje, y hasta personas desconocidas. El libro nos lleva a conocer a un hombre en búsqueda de sí mismo y de su felicidad. Sin pelos en la lengua nos transporta a lo más íntimo de su vida, un laberinto lleno de personas que estuvieron dispuestas a ayudar a un chico con la visión de compartir

5

su talento con los demás. Y con el amor y respeto de un hijo, nos da a conocer el mundo complejo de las familias separadas por divorcios, fronteras y vicios.

Él llegó a los Estados Unidos en búsqueda de reunificarse con su madre y se encontró con la vida de un inmigrante. ¡Y como todo inmigrante, él persistió!

La realidad es que los inmigrantes viajamos buscando llenar vacíos, como la falta de nuestras familias, la seguridad, estabilidad económica, la felicidad, la libertad, entre otras cosas. Esta realidad se refleja en este libro con ejemplos muy comunes que, Luis Enrique y muchos en la comunidad de los inmigrantes indocumentados han pasado.

A nivel global, los inmigrantes son agredidos, muchos detenidos y puestos en cárceles de inmigración y, después de vivir décadas en sus nuevos países, son expulsados sin consideración de sus trabajos, familias, y nuevas raíces. Lo más alarmante es que el sentimiento xenofóbico está creciendo y normalizándose. Hay que levantar nuestras voces a favor de los inmigrantes y puede ser como lo hizo Luis Enrique contando su autobiografía.

Luis Enrique, hermano, gracias por compartir tu historia. Tus palabras, en nuestra comunidad, han encontrado un hogar. Todos necesitamos tener a alguien a quien admirar y te admiro Luis, no por tu fama, pero por tu humanidad.

María Gabriela "Gaby" Pacheco
Immigrants Rights Leader /DREAMER

# 1

## Somoto

*Entre mi gente soy la voz que vive lejos,*
*pero jamás voy a olvidar*
*esos amaneceres bellos de Somoto,*
*los juegos en la Calle Real,*
*mi primera novia*
*y mi identidad.*

**De** *Autobiografía*, **del álbum Ciclos**

El intenso aroma del caldo hirviente de pescado se extendió por el largo pasillo, se coló por alguna rendija de la puerta de mi habitación y me sacudió la modorra vespertina. Doña Mila era una diosa en la cocina. Sopas, salpicón, ayotes en miel, plátanos maduros, buñuelos, refrescos de chicha, cebada, y mi favorito: una bebida preparada con maíz y cacao que llamamos pinolillo… La cocina de la casa de mi abuela materna era una especie de laboratorio en el que se confundían y abrazaban los olores y sabores típicos de mi querida Nicaragua —desde los más sutiles hasta los más intensos— con el chachareo del diario vivir y las obligadas pláticas sobre política.

Me desperecé muchas veces a duras penas, haciendo un gran esfuerzo para llegar puntual a la mesa, pues una regla estricta permanecía para toda la familia:

*Aquí se desayuna, se almuerza y se cena a la hora precisa, y quien no llegue a tiempo no desayuna, ni almuerza y, mucho menos, cena.*

Así decía la abuela, y así era.

Escuché a *Matún* —así apodábamos a mi hermano Francisco— en el patio, jugando con Sandra, la hija de doña

11

Mila, una chiquilla de piel morena que tenía una fuerza que contrastaba con su delgadez, que jugaba béisbol y trompo mejor que nosotros, y más de una vez nos propinó un par de buenos golpes, porque hasta en el boxeo era superior a mi hermano y a mí.

A fuerza de años en la cocina, doña Mila se ganó un puesto especial en nuestra familia, que era como una congregación de abuelos, hijos y nietos dispersos entre los recintos, los cuartos, aquel pasillo amplio y largo, tipo galerón, y un patio interior en el que pocas veces reinó el silencio.

Recuerdo con dificultad algunos detalles precisos de mi niñez, pero tengo clarísimo —tan claro como el agua— que mi época de infancia estuvo siempre atada a esa casa y, sobre todo, a mi abuela materna Gertrudis, Gertrudis Baca Navas.

Somoto es una ciudad pequeña del departamento de Madriz, en el norte de Nicaragua. Asentada en un valle y rodeada de montañas, la ciudad se compone de calles adoquinadas y casas de adobe. Era un pueblo extremadamente sencillo, y aún hoy lo sigue siendo. Los somoteños son gente muy trabajadora, y en aquellos tiempos de mi infancia —en la década de los 60— la agricultura y la ganadería ocupaban la mayor parte de su tiempo. Le metían a la faena de sol a sol.

En ese pueblo sencillo vibraba y se respiraba la libertad. Andabas por el campo a pie, o a caballo, y disfrutabas las travesuras comunes de los chiquillos, como montarte en un burro para que te botara, y luego partirte de la risa con tus amigos. En las calles de Somoto lo mismo transitaban carros que animales, así que no resultaba nada extraño compartir la vía con burros, vacas, puercos y pollos. Era un pueblo pintoresco, lleno de gente buena, amigable y muy talentosa.

Las vacaciones allí eran fantásticas. Guardo en mi memoria las fiestas de la Purísima y la celebración de la Navidad. Cierro los ojos y me parece verlas como en una película, tan llenas de colorido, de vida. Hay instantes que recuerdo como si fueran piezas de un rompecabezas que se van uniendo hasta presentarme el momento completo. Cada vez que encajo una pieza con la otra siento un regocijo inmenso, cierro los ojos y lo revivo con harta emoción.

## El clan materno: Los López-Baca

Somoto se asemejaba a la escenografía de una pieza teatral. Paredes de adobe, techos de tejas que desbordaban un delicioso olor a tierra, una naturaleza frondosa, en fin, un escenario mágico, donde ellos tuvieron su hogar. Mi abuela Gertrudis conoció a mi abuelo y se enamoró de él, de Camilo López Núñez en Corinto, donde también se casaron teniendo como padrinos de boda al general Anastacio Somoza García y doña Salvadora Debayle de Somoza.

Camilo vivía sus días con la rigurosidad de un político, pero en ocasiones rompía su propia severidad. Jugaba póker, sí, como todos en aquellos tiempos, pero su pasión eran los gallos, no por el juego ni por la apuesta, sino por un asunto de reto, de orgullo y de competencia. Los gallos le hacían perder la cabeza. Y tenía un criadero, una granja de gallos de pelea. Aquello era un recinto sagrado, un lugar intocable que celaba al máximo y al que me daba el privilegio de tener acceso para que le ayudara a darle comida a las aves.

¡Me encantaba acompañarle! Además —y esto lo confieso por vez primera—, me escondía entre los recovecos de aquel lugar para mojar el grano que se utilizaba para alimentar a los gallos, que era muy parecido al maíz, y que con el agua se convertía en una especie de melcocha pastosa que me metía a la boca porque me gustaba.

Camilo y Gertrudis eran una pareja perfecta, pero como individuos eran diferentes. Él era callado, pausado, herméti- co, alto y guapo. Ella, dicharachera, fogosa, con un carácter que dejaba huellas. Abuela era capaz de saltarse las páginas de un discurso, que se supone que debería leer, para impro- visar como le venía en gana, con un estilo que hipnotizaba a quienes la escuchaban, que los dejaba perplejos, boquiabier- tos y pendientes de cada una de sus palabras.

Mis abuelos maternos eran gente de clase media, emplea- dos de gobierno. Creo que el furor político los unía y que ese frenesí se convertía en pura pasión. Mi tío Camilo, mis tías Inverna, Patricia, Zayra, y mi madre, María Aurora, vivían en aquella casa, que no era pobre, pero tampoco rica, y que fue construida a punta de esfuerzo, sacrificio y trabajo. Era blanca, amplia, con una terraza en la entrada, adornada por un par de pilares altos que te daban la impresión de estar entrando a un palacio.

A mis cincuenta y cuatro años, voy recordando a peda- zos, como si la memoria hubiera decidido borrar algunos incidentes y mantener intactos otros, solo por joder. Por ejemplo, aquella Navidad. Debí tener cinco o seis años, y ya entonces la música me latía. Pedí de regalo una batería, como cualquier otro niño pudo haber pedido pistas de carros, o útiles deportivos. Cuando aquel aparato llegó, mi corazón se revolcó, pero era, evidentemente, una batería de juguete. ¡Platillos de juguete, tambores de juguete, todo de juguete! Estaba hecha de una especie de pergamino que se hizo trizas tan pronto le di los primeros golpes rítmicos y emocionados. La felicidad me duró escasamente ese minuto en el que le caí a palos para sacarle sonido. Lloré con intensidad, un berrinche del carajo. Lo que tanto quería no me duró nada.

Los músicos no eran bien vistos en casa de mi abuela materna, ¡qué va! Los López-Baca eran gente de política, de argumentos apasionados enfrascados en la actualidad del país. Mi pasión por la música no les gustaba, y a veces hasta se reían. Con el tiempo entendí que, para ellos, mi inclinación musical demostraba que en mis adentros latía sangre Mejía. Los Mejía Godoy eran mi familia paterna, un clan totalmente musical, de vena ardiente, de melodía a flor de piel y letra en la garganta.

## El clan paterno: Los Mejía-Godoy

Carlos Mejía Fajardo se llamaba mi abuelo paterno. Era un hombre sencillo y amable, que trabajaba como agente aduanero en la frontera entre Nicaragua y Honduras. Era blanco, tirando a *colorao*, con una envidiable y frondosa cabellera, aprisionada por la gomina que se untaba con parsimonia, y dueño de una simpatía y don de gente que le ganaban afectos por doquier.

Tenía un cargo importante mi abuelo, pero a la vez era un bohemio, un bohemio empedernido, constructor de marimbas, que tocaba guitarra y disfrutaba sacándole a ese instrumento sones, corridos, canciones de la época de Gardel y de los tríos. Abuelo Carlos fue autodidacta en la música, tal y como lo fue su hermano *Mundo*, al que le llamaban *El Hombre Orquesta*, porque tocaba todos los instrumentos habidos y por haber.

Marielsa Godoy Armijo era mi abuela por parte de padre, una mujer linda, sencilla, trabajadora y emprendedora, que parió siete hijos, y a la que, con tantos muchachos, no le quedó más remedio que ser ama de casa. Francisco Luis, mi padre, y sus hermanos: Carlos, Luis Enrique, María Conchita, Armando, María de los Ángeles y María Lucila componían la prole, la otra mitad de mi mundo.

Eran dos familias diametralmente opuestas. Una, rígida, seria, políticamente comprometida. La otra, divertida, rítmica y que respiraba arte en todas las manifestaciones posibles, ese arte que a través de la canción se comprometía social y culturalmente. La música me nace por ahí, y por ahí también comencé a aprender acerca del abismo que existía entre las clases sociales. Crecí entre gente pudiente, por un lado, y también muy humilde por el otro, entre intelectuales y músicos de barrio. Entre mis dos familias se evidenciaban grandes diferencias de pensamiento, una era del ala derecha y la otra de la izquierda.

En la casa de mis abuelos paternos se hablaba de todo, pero siempre el arte se metía de alguna manera en las pláticas. Era gente muy cuentera, muy de anécdotas, que se sazonaban y exageraban para hacerlas más jocosas y, si no las había, se las inventaban. ¡Muy *nicas*!

Nada más pisar esa casa sentía otra vibra, no entendía bien lo que esa vaina tiene que ver con la energía, pero me gustaba, porque era un ambiente delicioso, riquísimo. En esa casa esquinera Mamá Elsa tenía su pequeña pulpería, una tiendita en la que se vendía todo lo de primera necesidad y algunas golosinas, que mi hermano y yo agarrábamos para saborear.

Mis tíos: Carlos, Luis Enrique y Armando estudiaban internados en el Colegio Calasanz de la ciudad de León. Mi tía *Conchita* vivía en Estados Unidos, y mis tías Lucy y Mariángeles estudiaban internadas en la Pureza de María, otro colegio que también estaba en León. Al igual que en la otra casa, también comíamos bajo la tutela de una abuela, a la que no le quedó otra opción que valerse de un carácter fuerte para dominar a esa pila de bohemios casi imposibles de aquietar, y que a su paso por la casa iban dejando, como rastro de presencia, sus bártulos e instrumentos.

Me viene a la mente una vez que mi padre dejó sus tumbadoras —congas de origen cubano— en la casa. Yo sería bastante niñito, tendría cuatro o cinco años como mucho. Nada más verlas me emocioné y, claro está, me dio la tentación de tocarlas. Arrastré como pude una silla del comedor para treparme y alcanzar aquellos tambores que me parecían fantásticos, gigantes, con ese cuero tan estiradito. Mi padre me encontró justo cuando intentaba atacarlas con las manos para sacarles sonido y me echó un regaño que no olvido:

—Mirá chiquillo, te vas a caer y me vas a romper las tumbadoras— todo un rollo, y a gritos.

En aquella casa dormí pocas veces, ciertamente muy pocas, pero se quedó conmigo el olor añejo a madera, que la caracterizaba, y que se mezclaba con el de los frijoles que solo la Mama Elsa sabía hacer tan ricos. Con mi abuelo Carlos me conectaba la música. Alimentaba mi curiosidad en su estudio de dos *tracks* y, mientras me mostraba cómo grabar, fomentaba en mí el gusto por los detalles en la música. Recuerdo perfectamente su voz:

—Vení, que te quiero mostrar esto, escuchá— me dijo más de una vez: *Adiós muchachos, compañeros de mi vida…* y comenzaba a cantar como Gardel, de quien era fanático.

Los abuelos Mejía no eran de estar apapachando y expresando sus sentimientos en palabras, pero su amor estaba ahí, sintiéndose en el ambiente y, sobre todo, en su trato.

## Dos familias enfrentadas

Todavía no entiendo cómo se empataron mi mamá y mi papá siendo de hogares tan opuestos. Ya mayor, al analizarlo, me parece un junte extraño destinado a un fin precoz, a no durar, y consignado a desatar una locura entre las dos cepas.

Mi niñez transcurrió entre dos casas, dos familias, dos ambientes, dos mundos drásticamente aparte, tan aparte como mis padres, de quienes estuvimos separados desde temprana edad a consecuencia de un enamoramiento equivocado y de las ridículas normas sociales, que en aquellos tiempos pretendían «proteger» en vez de unificar.

Las familias no se llevaban bien, para nada. Se chismorreaba que en casa de Camilo y Gertrudis me castigaban por ir a la casa de Carlos y Mama Elsa a ver a mi papá, a quien le engancharon el papel del malo de la película. Esa riña que mantenían tras bastidores comenzó con el desacuerdo por el casamiento de mi mamá y mi papá. Ese matrimonio le abrió la puerta a una historia bastante amarga, de distancia y habladurías, aderezada por las características de dos mundos contundentemente distintos. Bohemios versus políticos, imagínense.

No tuvimos una de esas vidas familiares protagonizadas por papá, mamá, hermanos y un libreto de lo que llaman *normal*. Recuerdo lejanamente que mis padres tuvieron una casa, una casa pequeña, pero nada más. Lo único que mi memoria afirma y reafirma es que mi abuela Gertrudis era mi mamá, y mi abuelo Camilo, mi papá. De hecho, separarme de ellos me afectó mucho más que la distancia de mis padres.

Esa ruptura me desencajó, me dejó en el aire. A mis nueve años me atacó la inseguridad, el terror de quedarme sin aquel amor y aquella protección. Emocionalmente fue un suceso que me marcó, que me dejó grietas que se hacían más profundas por el hecho de no tener comunicación con mi madre. Ella había partido a Costa Rica, empujada por el equivocado interés de sus padres de librarla de mi padre y *del qué dirán*. En ese país vecino, mi madre había iniciado una nueva vida, con un marido nuevo y una hija, Vanessa, que se integró más tarde a nuestras vidas.

Poco después logré escapar de la muerte, pero esta me arrancó a mi abuela. El fallecimiento de Gertrudis fue mi primer gran dolor, mi primer encuentro con el sufrimiento. Aquella mujer que me adoraba, que me protegía, murió en un accidente del que, por cosas del destino, yo me libré. En aquellos tiempos de militancia activa ella se había convertido en una voz importante. Camilo y Gertrudis estaban involucrados en el Partido Liberal Nacionalista, el de Anastasio Somoza García, y viajaban en carro a Managua y a otras ciudades de Nicaragua, para participar en las actividades del partido. Casi siempre iba con ella, y disfrutaba de aquel viaje en coche asomando la nariz por la ventana, para admirar aquellos paisajes nuevos para mí, y que el viento me frotara la cara.

El día que murió mi abuela no me levanté, y ella no quiso despertarme, cosa extraña. Falleció víctima de un choque, y se decía que había sido planificado para silenciar la fuerza que iba adquiriendo y su activismo político. Fue un accidente aparatoso que nos dejó huérfanos de su amor y su protección.

En ese momento, siendo solo un chiquillo, tuve que iniciar una nueva vida. En el camino apareció el maltrato físico y emocional, el destete de la patria, la inestabilidad, y el deber de un adulto sobre la espalda de un niño. La carga era pesada, pero no quedaba otra. O aprendía a golpe y porrazo, o me quedaba estancado, estancado y atrapado. Y decidí caminar.

# 2

# La vida con

# monseñor

Así es la vida, así de ilógica.
Aunque se hace difícil aceptar tantas cosas,
todo tiene razón de ser.
Así es la vida, enfréntala.
Así de irónica, a veces cruel y dramática.
A veces linda y mágica, todo es parte de esta vida.

**De** *Así es la vida,* **del álbum Luis Enrique**

El azote me tomó por sorpresa. Fue un golpe contundente que me provocó un dolor inmediato, intenso, oscuro. En mi memoria quedó el crujir que emitió la madera del bastón al quebrarse contra mi espalda. Monseñor Luis Enrique Mejía y Fajardo, mi tío abuelo, era un hombre y un sacerdote rudo, que disciplinaba con garra física y emocional. Por su casa pasaron, por diversas razones, varios de los hombres de la familia. Unos antes, otros después, todos sufrimos en carne y alma su método arcaico y despiadado de enseñanza a fuerza de castigos y porrazos.

Como les contaba, guardo muchos momentos de mi infancia a pedazos, pero este lo tengo clarísimo en el recuerdo. Habíamos faltado a la clase de mecanografía, un curso que no nos gustaba, porque eso de dejarnos los dedos tecleando en unas maquinitas viejas y duras, que rechinaban y se atoraban, no era lo nuestro. La maestra —cuyo nombre se ha extraviado en los recovecos de mi memoria— era lo que en Nicaragua se conoce como una *niña vieja*, o sea, una solterona. Tenía un carácter agrio, *del coño y su madre*, y limpiaba los pisos de su casa con una mescolanza que contenía aserrín, y que desprendía un olor tan fuerte y desagradable que a mi hermano *Matún* y a mí se nos metía por la nariz y nos provocaba grandes dolores de cabeza. De vez en cuando fal- tábamos a la clase y nos escapábamos a un negocito cercano en el que se jugaba billar. La maestra ya le había ido con el cuento al tío, y él nos estaba vigilando.

Hasta que llegó el día. Esa señora le avisó de inmediato al cura y este salió a nuestro encuentro. Raudo emprendió la marcha desde la parroquia para agarrarnos justo en medio del *pecado*. Imagino que a cada paso se frotaba las manos pre- parando el escarmiento que nos daría. Apareció en la calle, vestido con su sotana negrísima y perfectamente plancha- da, que desafiaba el candente sol, y con ese gesto fruncido que avisaba lo que se nos venía encima. De solamente verlo, *Matún* y yo nos quedamos fríos, paralizados.

—Luis Enrique y Francisco, ¿de dónde vienen, pendejos? porque así, de pendejos, nos trataba.

La mentira era la escapatoria, la solución lógica. Ni *pa'l* carajo podíamos decirle la verdad, contarle que no queríamos asistir a esa clase, que queríamos jugar, que éramos felices en aquel local junto a los amigos, disfrutando, riendo, gozando como se supone que lo hagan los niños. Así que mentimos, cosa que estaba mal, aunque sí justificada:

—Venimos de clase —contestamos.

—Les voy a preguntar otra vez— dijo en tono grave y cla- vándonos con la mirada.

—Venimos de cl…

No había terminado de mentirle cuando sentí el impacto. Monseñor descargó sin piedad su bastón sobre mi espalda, sin importarle que estuviéramos en medio de la calle y frente a todos los que por allí andaban. El porrazo fue tan sólido, tan inmisericorde... *Matún* se salvó del golpe, porque, por fortuna, el bastón se rompió.

Esta parte desagradable y punzante de mi historia ocurrió en Diriamba, una ciudad del departamento de Carazo, donde está la basílica de San Sebastián. Llegamos desde Somoto a vivir por un tiempo en aquella casa parroquial, una estructura de dos pisos que desprendía un penetrante olor a madera, que extrañamente se mezclaba con el aroma de las plantas de pitahayas que poblaban el jardín interior. Como habrán notado, llevo la memoria atada al olfato, quizás no recuerdo todo a la perfección, pero de cada lugar me he llevado su olor.

Monseñor contaba en la parroquia con el servicio de Olimpia, una señora muy buena y humilde, que realizaba las tareas de la casa, y que siempre nos trató con cariño. Seguramente nos tenía esa pena que inspiran los sufridos, en especial si son niños. De ese tramo de vida, Olimpia es el único recuerdo bonito, fue la única persona que luchó contra su propio miedo y su timidez, para abogar que no nos pegaran más. Pobrecita, intimidada por el carácter avinagrado de monseñor, debió de haber hecho un esfuerzo colosal para expresarse ante él, a sabiendas que podía ganarse alguna represalia.

Entonces yo tenía nueve años y *Matún*, siete. El proceso de separación de mis abuelos nos dejó atolondrados, como en el aire, a la intemperie emocional, y, en lo que el entuerto familiar se remediaba, nos mandaron a vivir con monseñor. Con el tiempo he comprendido que, cuando algo se atoraba, la solución rápida era mandar a los niños al cuidado de ese señor. Era el remedio más fácil y a la mano. De hecho, sé que en aquella época en muchos países latinoamericanos se hacía lo mismo, y los niños iban —por una razón u otra— de casa en casa de los familiares que podían asumir la responsabilidad de cuidarlos temporalmente o, en ocasiones, para siempre.

## De niños a sobrevivientes

*Matún* y yo éramos dos chiquillos acostumbrados a la libertad que se vive en los pueblos del interior, a jugar, reír, a aventurarnos y hacer las travesuras típicas de la edad. La diferencia entre la vida en Somoto y la vida en Diriamba, bajo el cuidado de aquel tío abuelo sacerdote, era por completo radical. Y drástica. Simple y llanamente no estábamos acostumbrados al maltrato, ni jamás nos acostumbraríamos.

Pasamos de niños a sobrevivientes, así nomás, de sopetón. Atrás, en recuerdos nublados, quedaron los mimos y los apapachos. La vida nos enfrentó a una dinámica de mando, de rigurosidad extrema, de miedos reprimidos y llantos escondidos tras la puerta de la habitación, porque ni siquiera llorar en público era aceptado.

Nuestra historia era la consecuencia de otra historia, la de monseñor, quien quedó huérfano a temprana edad y a cargo de sus hermanos. En esa responsabilidad que le cayó encima y a destiempo, asumo que los cariños y los afectos le pasaron al lado y no se detuvieron, de lo que se desprendió un carácter severo que, para colmo, estaba matizado por las maneras punzantes e inflexibles del catolicismo de entonces. No tenía capacidad de amar, aunque a veces me pregunto si aquella era su forma de hacerlo.

El primer castigo fue el peor: de rodillas sobre granos de maíz y con las manos extendidas, purgué una falta que no recuerdo. Mi mente decidió no almacenarla. Les invito a imaginarse el cuadro: un preadolescente delgadito arrodillado sobre semillas de tamaños y formas irregulares, con los brazos abiertos y sostenidos en forma de cruz y la mirada aterrada.

Lloré por dentro con rabia y con temor, con dolor, con esa angustia que amenaza con asfixiarte y ese terror que solo conocemos quienes hemos sido maltratados. Debí morderme los labios para soportar esa sanción con la mayor dignidad que podía tener como niño. Resistí como pude aquel espanto, la picadura del maíz enterrado en mi piel, el cansancio agotador de los brazos. Fue un gesto cruel y despiadado. Los gritos se me ahogaban, las rodillas me quedaban marcadas, pero el peor grito y la peor marca se grababan en mi espíritu y en mi corazón.

Los castigos continuaron. Aquella era su forma de criarnos *derechos*. Era su estilo, vamos, lo que aquel cura podía dar. Al mismo tiempo, en una rara e insólita combinación, recibíamos la mejor educación escolar que se ofrecía en el pueblo, y una disciplina musical que hasta el día de hoy abrazo. Era extraño, muy extraño.

## Un castigo traumático

Uno de mis más tenebrosos recuerdos es una escena que se repitió varias veces. En penitencia por alguna falta, el cura me obligaba a sentarme en el banquillo del piano a tocar sin más ropa que el calzoncillo que llevaba puesto, mientras los asiduos a la parroquia entraban y salían, como era rutinario, para hablar, discutir y consultarle asuntos al sacerdote.

Sin temor a equivocarme, confieso que esa ha sido una de mis mayores vergüenzas. El peor castigo, mi mayor tortura, la más terrible humillación. Ni siquiera esos momentos en los que hubo fuerza física de por medio lograron denigrarme y rebajarme tanto como estos, en los que mi cuerpo en camino a la adolescencia quedó al desnudo frente a los parroquianos, mientras intentaba, con mis manos temblorosas de puros nervios, sacarle algún sonido al piano. Hoy todavía sufro al recordarlo, es un recuerdo que me cuesta, como una herida que no cicatriza, porque no hay forma de sanarla.

La humillación degrada, destroza. Lo que te marca a esa edad no se borra jamás; si es positivo, te lo llevas contigo y, si es negativo, igual, arrastras ese dolor por dondequiera que vayas. La cruz del abuso es demasiado pesada para cualquiera sobre quien caiga. Su peso es demasiado aplastante, te paraliza, te aterroriza, te calla y hasta te ciega. El maltrato es un engendro del mal, que se acomoda dependiendo de la forma en que te quiera castigar, con la palabra, torciendo tus emociones, o violentando tu cuerpo. Todas son iguales, ninguna peor que la otra.

Así se enseñaba en aquella época, con coscorrones. Como tantas otras víctimas del maltrato, lo viví en silencio, y en esa soledad únicamente existía mi hermano *Matún*, con quien establecí complicidad dentro de aquel dolor. Dos años menor, él soportó como pudo, con un aguante impresionante, y ha trabajado toda su vida por superar estos recuerdos que, inevitablemente, nos persiguen como sombras, como fantasmas. A nosotros y a todo el que ha sufrido igual.

Creo que los demás hombres de mi familia pasaron por lo mismo, quién sabe si peor, y cada cual sobrevivió y curó sus heridas como pudo, porque ese proceso tan terrible se vive de manera individual. La realidad es que en aquellos tiempos no se hablaba, no se tocaba el tema. Los maltratos quedaban, atrapados y sin justicia, en el silencio. Ni siquiera cuando nos comunicábamos por carta, o por teléfono, revelamos las humillaciones, los golpes. Pensábamos que no nos creerían, así que cinco años vivimos bajo ese yugo y en secreto. Esta es la primera vez que lo cuento, y ha sido un ejercicio profundo que me ha conllevado muchísimo esfuerzo. Nadie, absolutamente nadie en mi entorno sabía, hasta hoy, que fui víctima de maltrato.

Supongo que van leyendo asombrados, perplejos, cuestionándose, y me preguntarán por qué no lo había contado antes. Pero los que hemos sido maltratados conocemos la vergüenza en su nivel más alto, y compartir nuestras historias nos resulta difícil en extremo, porque ineludiblemente conlleva revivirlas y ese recuerdo es como un ácido que te mutiló por siempre. Es como si a la larga nunca existiera escapatoria para la víctima porque hasta el acto de recordar es inhumano.

Confieso que me alegra contarlo. Me alivia. Nadie imaginaría jamás que ese que toca, canta y baila en un escenario ha sido víctima de violencia física y emocional. Nadie conoce, nadie sabe lo que hay detrás. He dado vueltas y vueltas alrededor del computador pensando cómo abrir ese recuerdo tan triste y tan íntimo para derramarlo en estas páginas. Me he sentado a pensar, me he vuelto a parar, sigo dando vueltas, reflexionando si tengo el coraje y estoy preparado para destapar una verdad tan terrible y tan fea.

Fueron muchos los sucesos en la casa de monseñor, hasta que un día, en medio de uno de esos corajes que le retorcían el carácter y le convertían en un monstruo endemoniado, el cura me propinó un puñetazo tan fuerte que me quebró un diente. Esa vez, provisto de una valentía hasta entonces desconocida —es más, inexistente—, lo enfrenté. Me bastaron segundos para decidir mentalmente que aquella sería la última vez. Estaba harto, cansado.

No sé cómo lo hice, aún hoy no encuentro explicación. De alguna manera, mi miedo se convirtió en arrojo, en osadía. Me paré frente a él y le mostré mis puños, pese a ser tan pequeños, tan frágiles, tan flacos. Estaba decidido a defenderme a mí y a mi hermano. Sangré un poco, el diente quedó quebrado y tiempo después fue reparado, pero la escena se eternizó en mi alma y en mi mente.

## *Pero de todo se aprende*

De todas estas experiencias tan duras, irónicamente, nacieron las herramientas que me auxiliarían para sobrevivir en lo que me esperaba más adelante en la vida. Aprendí a prevalecer por encima de cualquier situación, o personaje, que amenazara con lacerarme. Se me despertó el instinto. De ahí mi capacidad de lanzar al vacío cualquier cruz que pueda venirse encima para aplastar de manera sanguinaria lo que soy, de ahí mi fuerza para perseguir un propósito y, sobre todo, para dejar a un lado cualquier persona que me detenga, o me reste.

El abuso es abuso y se queda contigo. Pero tienes que buscar la forma de perdonar y perdonarte, porque esa cruz pesa demasiado y nadie debe ser esclavo de ella. *Step up*, como dice el estadounidense. Debes alzarte muy por encima de esa experiencia amarga para que puedas sanar. Algunos lo hemos logrado solos, pero para todos existen ayudas, herramientas, información, grupos de apoyo.

Mirando a través del cristal del tiempo y ya con la madurez que concede la condición de adulto, pude realizar el ejercicio de perdonar a ese personaje nefasto que opacó por algún tiempo mi vida y agradecer al cielo que en medio de esa oscuridad logré encontrar y seguir la luz. Cada situación de maltrato se vive de manera distinta, es una experiencia individual. En mi caso ha triunfado el perdón, porque, de no haber perdonado, me habría quedado atrapado y en el suelo. Pero ese soy yo y no juzgo a los demás. Cada cual debe obedecer a su yo interior y para cada cosa hay un tiempo perfecto que llega cuando tiene que llegar.

Tuve —a diferencia de muchos con quienes me solidarizo, y a quienes compadezco— la extraordinaria oportunidad de desvestirme del traje de víctima. No conté con ayuda. Fue una acción complicada que realicé en solitario, porque así lo quise. Logré echar a correr hacia mi futuro sin mirar atrás, porque sospechaba que si volteaba la cara caería en un abismo del que nadie me podría rescatar. Lo único que me quedó de esta etapa de la vida fue la música, que me sostuvo en medio de cada golpe y humillación. La música era mi refugio, mi puerta de escape, mi futuro. Y todavía lo es.

3

Inmigrante

*Fui de Managua hasta Tijuana*
*buscando al norte una esperanza.*
*Llegué a la tierra prometida,*
*aprendí otro idioma,*
*comencé otra vida.*

**De** *Autobiografía,* **del álbum Ciclos**

os recientes acontecimientos protagonizados por el nuevo mandatario estadounidense Donald Trump, al iniciar su presidencia y con relación al estatus de los inmigrantes, me han estremecido el alma y sacudido la memoria. Al igual que millones de habitantes de esa nación, yo también soy inmigrante. Conozco en carne propia las ilusiones, los riesgos y el miedo que acompaña a todo aquel que decide destetarse de su patria y adentrarse en una tierra desconocida en la que se habla otro idioma, se siente otro clima y se respira otra cultura, guiado por la necesidad y amparado por el derecho a una vida mejor.

En el 2011 fui invitado a asistir a la Casa Blanca para los eventos Hispanic Caucus Gala e Hispanic Heritage Awards, que me permitirían cantar y compartir con un grupo de personalidades importantísimas, sobre todo, con el entonces presidente Barack Obama y su esposa Michelle. ¡Imagínense! Mi carrera me ha llevado a presentarme ante miles de personas, en escenarios lejanos y eventos significativos, pero saber que estaría frente a estos dos dignatarios me produjo mucha tensión y gran expectativa. Era mi oportunidad dorada para hablar sobre un tema en el que estoy inmerso por nacimiento: los derechos de los indocumentados en Estados Unidos.

Recuerdo mi ansiedad de esa noche. Quería decir las palabras correctas, transmitir el mensaje preciso. Mientras me vestía y arreglaba, repasaba en mi mente un discurso corto y sencillo que preparé con todas las ganas que fuera apreciado. Le rogaba al cielo que los oídos estuvieran prestos a escuchar, a entender, que pudieran ver en mí el reflejo de tantos hermanos indocumentados que han triunfado y, en especial, de tantos hermanos indocumentados con ganas de triunfar y vivir. Me sentía inquieto, la impaciencia casi me arropaba, sentía como un peso, una responsabilidad sobre mi espalda, en mi conciencia. Debía aprovechar esa oportunidad para hablar por todos. Mi voz sería un instrumento.

Llegado el momento que me presentaran al presidente Obama, escuché que le anunciaban en inglés: —*Luis Enrique, ganador de un Grammy, y dos Grammy latinos, cantante, compositor, músico.*

Barack Obama, como siempre, impecable, lleno de una energía casi arrebatadora, me extendió amablemente su mano y, en su idioma, me dijo casi al instante, mirando a su izquierda:

—Mi esposa Michelle.

Ella impactó mi alma con esa sonrisa plena y una mirada que logró calmar mis nervios. Y, lleno de paz, procedí:

—Mi nombre es Luis Enrique —les dije en inglés—, soy de un pueblo llamado Somoto, en Nicaragua, llegué a este país en el año 78, indocumentado, y gracias al presidente Reagan pude obtener amnistía diez años después. Les pido su apoyo para que la Ley de Reforma Migratoria y el *Dream Act* se hagan realidad y muchos, al igual que yo, tengan la oportunidad de ser hombres de bien en esta gran nación.

—En eso es en lo que consisten los Estados Unidos de América— me contestó el presidente.

Entiendo que los Obama habrían escuchado presentaciones como las mías de personalidades de otros países latinoamericanos, pero algo me decía que mencionar Somoto les levantaría alguna curiosidad. Yo no venía de una capital, de una ciudad grande, o conocida, cosmopolita, venía de campo adentro, del tuétano de mi patria.

Poco después, ante el presidente, la Primera Dama y todos los invitados, tuve la oportunidad de pronunciar el siguiente mensaje:

*Hoy es una noche muy especial para mí. Esta noche, el Dream Act y la Ley de Reforma Migratoria suenan en mi corazón como una canción perfecta. Así como lo digo en mi canción* Autobiografía, *mi travesía empezó en 1978 desde Managua, Nicaragua, hasta Tijuana, México. Crucé la frontera hacia los Estados Unidos, empecé una nueva vida sin conocer el lenguaje, o la cultura de este país y, para empeorar las cosas, apenas tenía quince años de edad y por primera vez estaba lejos de mi familia.*

Al graduarme de La Serna High School en Whittier, California, me di cuenta que mi sueño de asistir a la universidad no era posible por no tener estatus legal. Afortunadamente, Dios me dio el don de la música y, contra todos los pronósticos y con recursos limitados, perseveré hasta lograr convertirme en el músico que sabía que había nacido para ser. Desafortunadamente, mi caso no es el típico de la gran mayoría de nuestros hermanos hispanos. En 1986, mi miedo desapareció cuando el presidente Ronald Reagan firmó la Reforma de Inmigración y Acto de Control y la convirtió en Ley. Hasta ese entonces no veía la luz al final del túnel. Estoy aquí esta noche para pedir que continuemos ese legado. Es hora que todos dejen a un lado los partidos políticos y sus respectivas agendas y que los derechos civiles sean la prioridad.

Quién iba a imaginar que treinta y tres años después, diez de ellos como inmigrante ilegal, ese chico de Latinoamérica estaría aquí en Washington D.C. cantando para usted, señor presidente. Aquí estoy, como uno de esos jóvenes hispanos y sus familias, pidiendo que se apruebe el Dream Act y la Ley de Reforma Migratoria. Quiero agradecer al congresista Luis Gutiérrez y a todas las personas que día tras día dedican su vida para que la vida de los demás sea algo mejor.

# Los inicios de mi travesía

Somos muchos los que llegamos a este país en busca de nuevos horizontes. Mi travesía comenzó con miedo. En 1978, la familia nos subió, a mi hermano *Matún* y a mí, en un avión rumbo a México. Volamos solos desde Managua, aterrados, pendientes de los sonidos y las sensaciones que producía ese aparato de hierro que nos transportaba por los cielos.

Desde 1977, cuando vivíamos con el tío cura en Diriamba, la guerra se iba sintiendo en nuestra querida Nicaragua. La casa parroquial quedaba cerca del cuartel de la Guardia, así que, por las noches, muertos de miedo, escuchábamos los gritos de la gente que detenían y que llevaban a ese lugar. Éramos niños, pero sabíamos que aquellos alaridos eran el resultado de la tortura. Aquel sonido desgarrador me asfixiaba, era realmente aterrorizador. La seguridad en mi país era cada día peor.

Tras la odisea de vivir con aquel tío cura, que nos maltrataba física y emocionalmente, regresamos a vivir a Somoto con mi abuelo Camilo. Yo, que ya tocaba la guitarra, cantaba las canciones que componían mis tíos del otro bando, los paternos, Luis Enrique y Carlos. Eran temas de contenido social y de protesta contra la dictadura del entonces presidente de la república, Anastasio *Tachito* Somoza Debayle, quien fuera el mandatario número 73 y 76 del país en dos legislaturas: la primera, desde el 1º de mayo de 1967 hasta el mismo mes de

1972, y después, desde el 1º de diciembre de 1974 hasta el 17 de julio de 1979.

Somoza ejerció una dictadura, heredada con disfraz de república democrática constitucional, lo que levantaba pasiones de quienes le apoyaban y de los que le detestaban. Fue una época muy ácida que mantuvo a nuestro pueblo en vilo y dividido.

Mi abuelo Camilo, que era somocista, y se desempeñaba como senador del Partido Liberal Nacionalista, se disgustaba al escucharme cantar *a boca de jarro* aquellas canciones escritas por mis tíos con un contenido contra el gobierno del cual él era partidario. Así que un buen día, tan pronto me oyó cantar en una actividad del instituto donde estudiaba, le dio tanto coraje que me sentenció a no vivir más en su casa.

Entonces pasé a vivir con mi tío Camilo, quien se convirtió en mi yunta, mi padre, mi hermano, mi mejor amigo. Siempre me apoyó y me defendió. Incluso, cuando me portaba mal y mi abuela le decía que me pegara, él buscaba cualquier excusa y no lo hacía. El tío Camilo me quiso siempre con amor del bueno y en aquella época creo que hasta con un poquito de lástima.

Mi hermano y yo pasamos a vivir separados. *Matún* en casa del abuelo Camilo y yo, con tío Camilo. Ya entraba el año 1978 y la guerra se sentía, la inseguridad nos cubría incluso en un lugar tan alejado como Somoto, porque, aunque las luchas se desarrollen en las capitales, las revoluciones siempre se gestan y nacen entre los campesinos, y nuestro municipio no estaba exento de sus efectos.

La decisión fue contundente. Ante la inestabilidad que atravesaba Nicaragua, mi hermano y yo debíamos salir del país hacia Estados Unidos. Mi madre —de quien les hablaré más adelante— había vivido en Costa Rica, pero estaba en ese tiempo en Estados Unidos, razón por la que mi abuelo decidió que ese país sería nuestro destino.

Mi padre sufrió mucho cuando se enteró. No estaba de acuerdo. No y no. Pero era tarde y nuestra custodia, por razones que no entiendo, la tenía mi abuelo. La decisión estaba tomada y él no la podía cambiar.

Así que allí estábamos *Matún* y yo, sentados en aquel avión, que recuerdo gigantesco y frío. A ambos nos invadía el temor, aunque para mi hermano era la segunda vez en un aparato de aquellos. Me enfrenté a la experiencia de volar, asustado y con mucha incertidumbre. Aquello de subir al cielo en ese pájaro de hierro era alucinante en todos los sentidos, en los malos y en los buenos. Miraba por la ventanilla ese paisaje de nubes y cielo, que para mí era totalmente nuevo, pero a la vez me corrían las lágrimas por la cara al darme cuenta que a cada segundo nos alejábamos más.

Dejar mi país, mi pueblo, la familia, mi entorno, me oprimía el corazón. Jamás olvidaré ese primer desapego de la patria, esa distancia que me separaba de los míos. En la suma y en la resta yo era bastante feliz —pasando por alto la convivencia con monseñor— y estando en Nicaragua podía estar más tiempo con mi padre y con mayor frecuencia.

Viajé triste, estremecido por el cambio radical que se nos había impuesto. *Okey*, fue una decisión tomada por nuestro bien, pero de eso no entendemos absolutamente nada cuando somos pequeños.

Mi madre nos esperaba en los Estados Unidos de América. Había salido de Nicaragua al divorciarse de mi padre, obligada por sus padres para, supuestamente, protegerla *del qué dirán*, pero estoy seguro que algo tuvo que ver su espíritu abierto y libre que no encajaba en la sociedad. Viviríamos juntos por primera vez y eso, por lo menos, nos emocionaba, nos ilusionaba, sin sospechar que ese junte no funcionaría. Con nuestros quince y trece años, nos debatíamos en una lógica inseguridad emocional que nos acompañó en esa travesía, en la que debíamos pisar primero tierra mexicana para luego, por obra y gracia de Dios, cruzar a Estados Unidos.

Esa era la ruta: Nicaragua, México, Estados Unidos. Por aire primero y por tierra el resto. Duro para dos niños. En Los Ángeles nos esperaba la tía Inverna, quien se había casado con un mexicoamericano. Pero antes, un amigo de ella nos buscaría en el aeropuerto al bajar del avión en el Distrito Federal, desde donde abordaríamos otro avión hacia Tijuana, y de allí cruzar por aquella frontera árida e inmensa, hasta la ciudad de Los Ángeles. O sea, *Matún* y yo bajaríamos del avión a encontrarnos con un señor al que nunca habíamos visto. ¡Válgame Dios! Hoy lo pienso y me muero del miedo imaginando lo que pudo habernos pasado, y hasta pienso que fue un atrevimiento enviarnos solos y entregarnos a un desconocido.

Al hablar con *Matún* sobre este libro me ha recordado que entre las cosas que cargábamos en ese viaje venían nuestras guitarras, llenas de calcomanías que les habíamos pegado a manera de decoración. Eran esas guitarras las que ayudarían a identificarnos al señor que nos esperaba en el aeropuerto. Al bajar del avión, un guardia de inmigración nos detuvo y preguntó para qué veníamos a México. Era obvio, dos chiquillos viajando solos. Ya nos habían advertido que dijéramos que no llevábamos dinero, porque, si no, podían robarnos ahí mismo. Nosotros mentimos, dijimos que llegábamos de vacaciones, a lo que añadimos, sin que nos preguntaran, que no llevábamos dinero. El guardia era insistente, seguía indagando, y nos hizo esperar un rato mientras se fue a buscar a otro guardia, que fue mucho más agresivo.

*Matún* me codeaba para que no abriera la boca y se me zafara cuánto dinero teníamos encima. En realidad, no recuerdo cuánto era, solo sé que la cartera viejita que tenía estaba preñada de plata. Finalmente nos dejaron pasar. Nosotros, dos adolescentes tan inocentes, que jamás habíamos salido solos, y mucho menos a un aeropuerto internacional, caminábamos asustados, perdidos en aquel mar de gente, intentando descubrir quién era el señor que había ido a recogernos. Nos habían dicho que era bajito, morenito, de cabello negro y gordito. Nos atacamos de la risa, pues casi todos los hombres que estaban allí eran así.

Bajamos por unas gradas y casi a la mitad estaba este señor, que pudo identificarnos gracias a las guitarras. Nos abordó y nos fuimos al hotel donde teníamos que pasar la noche en un mismo cuarto con él, para volar al siguiente día hacia Tijuana, donde el tío Jimmy nos esperaba.

El hombre del aeropuerto resultó ser buena gente, aunque jamás he podido recordar su nombre. Nos recibió con cordialidad, debió de haberse reído a escondidas de aquellos dos chiquillos que estaban atontados y embelesados por la gran ciudad. Todo era tan diferente… Nunca habíamos visto una ciudad tan grande, con las calles tan ocupadas por el ir y venir de la gente. A mí me daba horror cruzar las calles y avenidas; me sentía todo un campesino medio perdido entre aquel *cojonal* de carros.

Al siguiente día volamos hacia Tijuana y allí nos encontramos con mi tío político, Jimmy, esposo de Inverna y encargado de la hazaña de hacernos cruzar la frontera, que siempre estaba muy vigilada. En aquellos tiempos, los guardias detenían el coche y realizaban una inspección que incluía una serie de preguntas a los pasajeros. Debíamos contestarlas bien y en inglés, por lo que el tío nos hizo practicar, practicar y practicar, hasta asegurarse que lo haríamos más o menos bien y, especialmente, que no nos mostraríamos nerviosos.

Fue horrible. No hablábamos nadita de inglés, y aprender, aunque fueran pocas palabras, nos costó gran esfuerzo. El primer intento lo hicimos en la tarde, porque quienes habían logrado cruzar contaban que a esas horas los guardias estaban tan cansados que no tenían fuerzas para indagar demasiado. Nos acercamos en el coche. El tío, tranquilo; nosotros, con las manos metidas en el centro de las piernas y el pecho ardiendo. Nos acompañaba el señor del aeropuerto —que resultó ser novio de una amiga de mi mamá—, y por culpa de su nerviosismo fracasamos en la tentativa.

Al llegar a la caseta del guardia, el hombre se atemorizó tanto que, antes que le preguntaran, sacó y le mostró al guardia una pila de documentos: pasaporte, boleto del avión que había tomado para llegar al Distrito Federal a buscarnos, en fin, todo lo que llevaba. El guardia, por supuesto, encontró rarísimo su comportamiento, y le pidió al tío Jimmy su identificación. Él le mostró su licencia, pero el guardia comenzó a pedirnos nuestros papeles. Nos hablaba y, como no entendíamos nada, *Matún* se echó a llorar.

Algo raro estaba pasando. El guardia se llevó la licencia, nos pidió que nos moviéramos a un lado y consultó con otro guardia que aparentaba mayor rango. El resultado fue que el guardia, en tono agresivo, nos ordenó que regresáramos a Tijuana, porque no íbamos a pasar. ¡Ay, mi madre! Al tío Jimmy le dio un coraje tan grande que tan pronto pisamos Tijuana sacó al señor del auto y le dijo que se regresara en autobús a Los Ángeles. Aquello estuvo del carajo. De solo contarlo me vienen el apretón en la garganta y las ganas de llorar.

Lo reintentaríamos a medianoche, porque a esa hora seguramente sería menos difícil el paso. Al otro lado, en San Diego, nos esperaba la tía Inverna. Teníamos que lograrlo. Repasamos las preguntas, repetimos la rutina, y nos fuimos acercando a la frontera igual que lo habíamos hecho esa tarde. Por suerte y bendición, el cansancio venció a *Matún*, quien, extenuado por la tensión que nos producía aquella experiencia, se quedó dormido como una piedra. Me tocaría contestar. Sentía el pecho apretado, el bum, bum, bum, de los latidos acelerados, la boca seca, el sudor en las manos. Gracias a Dios, llegado el momento contesté bien, dije que era un *american citizen* y, así tan despacio como nos habíamos acercado, así mismo continuamos la marcha al pasar.

En aquel coche pensaba que finalmente estábamos en los Estados Unidos, que el momento de encontrarnos con mi tía estaba a punto de llegar, que el ansiado reencuentro con mi madre nos esperaba. Mi mente pensaba acelerada, mi cuerpo sentía el agotamiento de aquella travesía tan complicada. Mi espíritu rebosaba de felicidad ante la tranquilidad que me provocaría la cercanía con caras conocidas, con mis seres queridos, con mi tía, mi mamá… Mi corazón estaba lleno de expectativas. Ya iba a estar en casa, protegido por el amor de mamá y de familia. Creía que finalmente podía respirar tranquilo, pero no sabía lo que me esperaba.

4

# La Serna

*Crecí en las sombras del silencio,*
*fui un ilegal con miedo,*
*sin papeles y sin dirección.*

**De** *Autobiografía,* **del álbum Ciclos**

Escribo estas líneas mientras llueve, lo que añade cierta nostalgia a los recuerdos que van surgiendo en mi mente. Algunos claros, otros empañados por el tiempo, pero llegan justo a tiempo para contarlos. Darle un vistazo al pasado es un ejercicio mágico, justo y necesario para los que vivimos rodando por distintas ciudades y ambientes. Algunas veces te alegra, otras, te duele, pero siempre te zarandea el corazón, te obliga a revivir escenas de tu vida, como si estuvieras frente a una gran pantalla de cine en la que se exhibe una película que te estimula los sentidos y te permite ver, sentir, oler, saborear.

Cierro mis ojos unos segundos y me transporto en el tiempo a 1978 y a La Serna High School, la escuela pública ubicada en el distrito de Whittier, Los Ángeles, donde cursé estudios al llegar a Estados Unidos. Hasta puedo recordar su bandera, que lucía un escudo de fondo blanco y ribeteado con los colores oficiales: el rojo carmesí y el amarillo dorado. El plantel se vestía de colorines cada 5 de mayo, para conmemorar la celebración mexicana que honra la batalla de Puebla, en la que México derrotó a Francia.

En aquella época, los niños latinoamericanos que ingresábamos a La Serna éramos encasillados de nacionalidad mexicana. Era como si no existieran los países de la región centroamericana, ni los del territorio suramericano; pero, bueno, esa era la consecuencia del desconocimiento sobre una nueva población, una ola de gente que recién llegaba y se expresaba en el mismo idioma, el español. La ignorancia nos sentenciaba y todos quedábamos divididos en dos bandos: norteamericanos y latinos mexicanos.

En medio de esa fiesta, que se decoraba con banderines y por las bocinas del equipo estereofónico del plantel se escuchaba la música típica mexicana, se formaban unas peleas increíbles. Cuchillos, cadenas…, aquello era muy fuerte. Yo, que para entonces exhibía un físico alto pero flacucho, me quedaba muerto de miedo en alguna esquina, porque jamás había presenciado algo igual. La realidad era que no estaba acostumbrado a esas agresiones. En Nicaragua, el ambiente en las escuelas era muy diferente, se respiraba paz y un sano compartir que se desprendía de nuestra personalidad tranquila y campechana. Lógicamente, jugábamos, bromeábamos, y hasta participábamos de alguna que otra riña. Pero nada así, nada. En esta nueva escuela, *Matún* y yo andábamos como perdidos, no sabíamos qué carajo pasaba, ni qué detonaba aquellas batallas.

Esa situación tan agria y agresiva nos obligó a asumir una postura. Los norteamericanos —y digo norteamericanos, porque americanos somos todos los que nacimos en alguna de las Américas— simple y sencillamente no nos aceptaban. Para ellos, aquella bandada de inmigrantes era un solo colectivo. Al igual que los méxico-americanos, todos éramos *spicks* (término peyorativo que se utilizaba para marcar a los hispanos), todos éramos maleantes, todos éramos *gangueros*, en fin, todos éramos lo peor.

Los chicos norteamericanos se sentían invadidos por grupos de otros chicos que se instalaban en su país, en sus lugares, y de ahí nacía su rechazo, su discriminación hacia esa sarta de jovencitos que llegaba. Los latinos respondían al rechazo agrupándose en bandas solidarias, en *gangas* que contestaban la agresión con más agresión. ¡Una cosa del carajo!

Me perturbaba muchísimo que me vieran como *ganguero*. Muchos latinoamericanos no teníamos nada que ver con esa conducta y actitudes tan agresivas, pero igual éramos etiquetados y juzgados como tales. Las humillaciones eran constantes, y casi a diario nos retaban.

## Miedo e intranquilidad

El ambiente era difícil por la hostilidad. Entonces desconocía la palabra xenofobia, que significa rechazo, y en este caso, al extranjero. *Matún* siempre fue más peleón que yo, que tenía un carácter mucho más pasivo. Entre los pocos incidentes que enfrenté con violencia hay uno que siempre recuerdo. Estábamos en el gimnasio y un estudiante —por supuesto, desde el anonimato— lanzó una toalla mojada y enrollada que le pegó a mi hermano. *Del tiro* me armé de fuerza, agarré un destornillador y le iba *pa'* encima al tipo, con coraje, con hervor en la sangre. *Matún* me detuvo, y menos mal, porque creo que el mismo destornillador me lo hubieran espetado. Intentaba proteger a mi hermano, pero él no lo necesitaba, porque era bravo, bravo de verdad.

El programa ESL (*English as a Second Language*), se abría paso en los planteles escolares, lo que representaba un cambio bastante radical en el currículo de estudios de los niños de habla hispana. Ni los estadounidenses ni nosotros lográbamos entender cómo iba a funcionar esta correlación/cointeracción, porque, en principio, los latinos y los norteamericanos estábamos segregados. En La Serna había una especie de división, una raya invisible que no se debía cruzar jamás, que colocaba a los latinos a un lado y a los estadounidenses al otro. Simplemente no podías pasar, así que tuvimos que ajustarnos a ese límite para poder llevar la fiesta en paz.

Vivía alarmado y temeroso por ese clima de agresividad, así que busqué refugio en la música. Comencé a indagar sobre las clases que se ofrecían, los programas, etc. La música, de alguna manera me ayudaba a sentirme parte de la escuela a pesar de cualquier otro problema. Me parecía muy curioso eso de escoger las clases. En mi país tomabas tal o cual curso y punto. Acá tenía ese derecho, esa alternativa que me presentaba la posibilidad de seleccionar lo que me gustaba; y eso era, evidentemente, todo lo que tuviera que ver con el arte.

Entonces no hablaba inglés. No quería aprenderlo porque pensaba, fíjense qué cosa, que el no poder comunicarme sería razón de peso suficiente para que me enviaran de vuelta a Nicaragua. El inglés me parecía un idioma estrujado, un sonido demasiado contrario al mío, que es pesado, contundente. Así que, en principio, me negaba a masticar un lenguaje totalmente nuevo.

Entendía un poco, porque me fijaba en los rostros, las expresiones, las señas que hacían con las manos, pero no era suficiente y la mayoría del tiempo me sentía como incomunicado. Luego me di cuenta que mi negación ante el inglés no me regresaría a Nicaragua, que esa estrategia estaba fuera de toda lógica y que era imperativo hablarlo para poder conectarme con todo aquel que tuviera intereses similares a los míos. Tenía que aprender y saber comunicarme, para aprovechar las clases de música, entender lo que se decía en los eventos, y poder atravesar toda puerta que me condujera hacia lo que me gustaba.

En la casa nunca se hablaba en inglés, por supuesto, y sin importar cuántos años hemos pasado cada uno en territorio norteamericano, nuestra lengua sigue siendo la misma. De hecho, ni siquiera tenemos eso que llaman *acento*. En ese tiempo vivíamos en la casa de la tía Inverna, a la que regresamos luego de un intento fallido de vivir con nuestra madre. Lo más emocionante al cruzar la frontera era la oportunidad de vivir con mi mamá. ¡Esa ilusión era lo máximo! *Matún* había vivido con ella una breve temporada en Costa Rica, pero yo debí quedarme en Nicaragua, porque, si mal no recuerdo, mi abuela no me dejó ir, pues imaginaba que mi madre no podría cuidar a dos niños. Eso me dejó inmensamente triste, porque dentro de mi corazón ansiaba vivir con ella.

## El reencuentro con nuestra mamá

Como dije, lo hermoso de llegar a Estados Unidos, la recompensa de ese tramo aterrador de la revisión en la frontera, era ese encuentro con mi mamá. No importaba haber dejado todo atrás si finalmente estábamos con ella. Durante el viaje de San Diego a Los Ángeles nos sentíamos asustados y asombrados. Los dos mirábamos con curiosidad, embelesados, devorando con la vista las gigantescas carreteras que llamaban autopistas, sintiendo en el estómago una mezcla de nervios y emoción. Ese encuentro de madre e hijos era algo que habíamos soñado: imaginábamos su rostro, su abrazo, su casa. En fin, nos envolvía ese manto de fantasía a colores que sienten los niños ante algo súper esperado.

Pero nuestros sueños se vinieron abajo. Por alguna razón, nuestra madre no estaba cuando llegamos a casa de la tía. Fue hasta el día siguiente cuando la vimos, lo que nos parecía demasiado raro y no lo entendíamos. Llegado el momento, nos abrazamos a ella con ese sentimiento profundo que provoca lagrimitas. María Aurora siempre fue una mujer linda, dulce, parlanchina, cariñosa. Besos, abrazos, apretones; tomaba nuestras caritas con sus manos para examinarnos detenidamente, buscando la infancia ya borrada, observando el rastro que va dejando el crecimiento, descubriendo las facciones que nos iban cambiando… ¡ya éramos adolescentes!

Al llegar a su casa, un apartamento muy modesto en un sector llamado Downey, nos azotó una realidad cruda y fuerte que supuso un bofetón emocional: mi madre convivía con un hombre alcohólico y abusivo.

No recuerdo casi nada de aquella casa, a pesar que estuvimos allí unos dos meses. Los detalles se me extraviaron en la memoria, oscurecidos por los maltratos verbales de aquel hombre hacia mi madre. Tenía un carácter fuerte y tomaba mucho, lo que nos colocó en una situación bastante delicada. Era frustrante hacer un viaje como aquel, entregarnos a una persona desconocida que nos esperaba en una tierra extraña, encontrarnos con un tío político por primera vez, memorizarnos un libreto y cruzar la frontera para toparnos con que la vida que anhelábamos junto a la mujer que nos trajo al mundo era arriesgada y amarga.

Ahora comprendo los gestos de mi tía Inverna y ese silencio del que se le escapaba, sin tener que recurrir a las palabras, la preocupación del junte inminente entre sus sobrinos y su hermana. Y no estaba equivocada.

Un día, ese hombre quiso agredir físicamente a mi mamá en medio de una discusión terriblemente caldeada, de esas que al presenciarlas te activan la adrenalina desde la cabeza hasta los pies, y que te provocan un miedo que se te queda atrapado en la garganta. El apartamento era de él, así que, para protegernos y evitar que algo lamentable ocurriera, mi madre nos sacó y nos llevó de regreso a la casa de su hermana, a quien le había pedido que nos refugiara, mientras ella lograba zafarse de aquella situación y encontraba un nuevo lugar.

## La tía Inverna y La Serna High School

Fue así como llegamos a La Serna High School, que quedaba cerca de la casa de mi tía Inverna y era la escuela que nos correspondía. Mi tía vivía entonces en un apartamento de dos habitaciones, así que era una situación incómoda y difícil, pues llegamos en mayo y la escuela aún no comenzaba. La tía Inverna tuvo a su primera hija al poco tiempo de nuestra llegada, y había perdido el empleo. Así que tendría en la casa, a tiempo completo, a dos muchachos, y una bebé recién nacida. La estadía que se suponía de un par de días se convirtió en meses. Tuvimos que permanecer con ella, porque mamá no estaba en condiciones de tenernos. Al menos eso era lo que la tía nos decía.

Jamás tendré cómo agradecerle a la tía Inverna que nos haya recibido. Igual a su marido Jimmy, que era un tipo de gran corazón. Ya de adulto, comprendí que debió haber sido fuerte, fuertísimo, encargarse de dos adolescentes y de una niña pequeñita. Nos dio apoyo, cariño, comida, regaños y casa. Intentó llenar la ausencia de nuestra madre, quien nos visitaba cuando su situación se lo permitía. El dolor de no poder vivir con mamá fue muy fuerte para mi hermano y para mí; al fin y al cabo, a eso habíamos venido, y la verdad es que no sentíamos que fuéramos prioridad en su vida.

Inverna López Baca era una mujer alta, delgada, de cabello oscuro y semblante serio. En eso se parecía al abuelo Camilo, de quien heredó una personalidad súper conservadora y tradicional. Recuerdo que siempre llevaba consigo unos espejuelos que utilizaba cuando la vista no le daba para más. Inverna tenía la cara marcada. El terremoto de 1972 en Nicaragua la había dejado desfigurada, aunque luego de varias operaciones el rostro le mejoró.

Además de las huellas en su rostro, el terremoto nos marcó a todos. Eran las 12:30 de la madrugada del 23 de diciembre de 1972 cuando Managua, la capital nicaragüense, fue estremecida con un sismo de 6.2, y dos réplicas de 5.0 y 5.2, según la escala de Richter. Esa noche, cuando el terremoto emergió de las vísceras de la ciudad y arremetió con su fuerza devastadora, Inverna estaba con unos amigos en una discoteca. Al intentar salir del local, le cayeron encima las paredes del edificio, y permaneció sepultada un día bajo los escombros, casi muerta, hasta que la encontraron gracias a que los rescatistas se percataron que parte de un brazo y su mano asomaban entre el amasijo de hierro y cemento. Las paredes que se vinieron abajo le destrozaron la nariz, los pómulos y la boca, dejando a mi pobre tía desfigurada, y fueron necesarias varias operaciones para restablecerla.

Inverna manejaba su casa y su familia con normas estrictas. No escatimaba en castigarte, o regañarte, si lo merecías.

Nosotros habíamos vivido los castigos de monseñor y repetir esa dinámica era lo menos que queríamos, pero tuvimos que acomodarnos a su manera de llevar la carga de un hogar habitado por cinco personas.

Pero sabíamos que estaba siendo muy generosa al recibirnos en su casa y en su vida cuando ese no era el plan inicial. Honestamente creo que lo único que ansiábamos era un poco de amor, evidenciado no solo con palabras sino con gestos. Cuando eres adolescente, los abrazos te dan seguridad, son como un manto protector, y a nosotros nos hacía falta, sobre todo de parte de mamá. Las carencias formaban parte de nuestras vidas, aunque nunca nos acostumbramos.

Aprendimos a limpiar, a planchar, a lavar los trastos, a sacar la basura, tareas que no hacíamos en Nicaragua porque allá, tal y como en otros países latinoamericanos, e incluso cuando la familia era de clase media, se acostumbraba tener empleadas domésticas que se encargasen de las tareas del hogar. Acá no era igual, los chicos asumían responsabilidades en el hogar. Cada cual tenía que colaborar con la tarea asignada. Nos enfrentamos a una nueva forma de vida, enmarcada en una condición de indocumentados que no entendíamos, pero que relucía de vez en cuando.

No sabía dónde vivía mi mamá, dónde estaba después del episodio que nos arrancó de su lado. Su realidad como indocumentada la obligaba a trabajar en fábricas, o en cualquier lugar donde la aceptaran sin papeles y pudiera ganarse un poco de plata. Iba viviendo, cayendo en relaciones que le resolvían el momento, con tipos que no daban la talla del compañero que quería tener, pero que le solventaban de manera momentánea la vida. Creo que nunca se dio el lugar ni el valor que merecía, lo que la llevaba a enredarse con cualquier cosa de hombre.

La veíamos de vez en cuando, y de cuando en vez, porque nos visitaba algún fin de semana. Era evidente que no tenía un lugar propio donde pudiera acogernos, aunque fuera por unos días, y eso nos producía incertidumbre, no sabíamos qué esperar, no teníamos ni sentíamos estabilidad, mucho menos seguridad. Y digo que era evidente, porque ni nosotros preguntábamos ni ella nos contaba. Por alguna razón, en ese tema imperaba el silencio por ambas partes, aunque resultaba impresionante cómo no necesitábamos palabras para comprender. Desde entonces, y hasta llegar a la adultez, siempre me pregunté cuándo sería realmente feliz, cuándo nos llegaría el momento.

## El tío y el abuelo que no nos abandonaron

*Matún* y yo recibíamos dinero desde Nicaragua para ayudar a los tíos a cubrir los gastos que generábamos. A mí me enviaba plata el tío Camilo, y el abuelo —desde el exilio en Honduras, donde falleció— le enviaba una mesada a *Matún*. Desde el momento que me sacó de su casa, entre el abuelo y yo hubo cierto malestar que nos mantuvo alejados durante muchos años. Hablábamos por teléfono de vez en cuando, pero siempre quedó un sinsabor. A él no se le olvidaban mis canciones de protesta, y a mí tampoco se me olvidaba que me había botado de su casa.

Poco antes de morir —ya viviendo yo en Miami— el abuelo me envió una carta que tumbó mi resentimiento. No era tanto lo que decía, sino cómo lo decía. De puño y letra cursiva, muy bien escrita con un dejo literario, me expresó por primera vez lo orgulloso que se sentía de mí, me animaba a seguir adelante, me pedía que estudiara, que fuera una persona de bien. Estaba muy bien escrita, perfectamente hilada, y entre sus frases se asomaba un amor que nunca antes me había expresado así. Enfermo y confinado al exilio, el abuelo Camilo padeció y sufrió durante mucho tiempo del dolor de la pierna accidentada, que le hacía caminar medio virado y que después le entorpeció la circulación, ocasionando que un coágulo saliera disparado hacia el corazón y lo matara en el acto.

De adulto me enteré que yo conocí a un abuelo diferente. Resulta que en su juventud no era tan riguroso, ni tan serio, mucho menos tan fuerte. Antes de mi nacimiento, ese hombre guapo, alto y siempre bien vestido era todo un bailarín, dicharachero y muy fiestero. El trago, por supuesto, formaba parte de las fiestas y mi abuelo era, muchas veces, el alma de esa gozadera. Hasta que un día sufrió un accidente terrible que cambió su vida y le convirtió en el abuelo seriote y un tanto amargo que conocí.

Justo una de esas noches de juerga, un amigo, en broma, le metió el pie, y el abuelo, pasadito de tragos, cayó al suelo. Al levantarse, y pensando que el zapato se le había soltado, comenzó a dar patadas en el piso, como para ponérselo, sin percatarse que en la caída se le había fracturado el pie. Tanto le dio al pie contra el suelo que, adormecido por la bebida, se lo destrozó. *Del tiro* tuvieron que llevarlo de emergencia a México para operarlo y lo confinaron a una bota ortopédica que mantuvo por el resto de su vida. Así fue cómo aquel hombre fiestero y chistoso sufrió una transformación en su vida. Su personalidad cambió y se convirtió en el hombre callado que conocí.

El abuelo no tuvo tiempo suficiente en la tierra para verme crecer, para alegrarse de los frutos que luego coseché con mi carrera. A veces pienso que, aunque aquellas primeras canciones de protesta le fastidiaron tanto, se hubiera regocijado con cada uno de los temas que grabé, en los conciertos, en los premios… Pero, bueno, también pienso que en la otra vida está sentado en primera fila.

Este trozo de mi historia fue bastante complicado. Adaptarse a un país conlleva un gran esfuerzo y, sobre todo, entendimiento. El proceso fue lento por todo lo que al mismo tiempo ocurría en mi vida personal. La situación con mi madre, el ajuste en la casa de los tíos, el ambiente en la escuela…, en fin, eran muchos los entuertos y las piezas del rompecabezas que había que componer.

Poco a poco fui comprendiendo que me tocaba crecer, forjar mi propio camino. Hasta que un día, un grandioso día, el universo se compadeció de lo que hasta entonces había sido mi vida y decidió regalarme la posibilidad de un futuro maravilloso. Un maestro me entregó una nota para que se la pasara a otro maestro, y en ella se leía:

—Chico hispano de Nicaragua, tiene talento, toca instrumento, interesa saber sobre las clases de canto para pertenecer al coro.

Así fue como conocí a Wesley, uno de los hombres más importantes de mi vida.

# 5
## Entre dos mundos

Hoy tengo un hijo y no quisiera
verlo pasar esa experiencia.
Si un día no hubiera fronteras,
creo que mi historia no se repitiera.


**De** Autobiografía.

Wesley Reed se llamaba el profesor de música de La Serna High School hasta quien llegué con un papelito en la mano. La nota era una especie de recomendación para que me permitiera presentarme a las pruebas para pertenecer al coro. Llegué con un poco de temor, provocado por mis ansias de intentar abrirme paso en lo que siempre fue mi vocación: la música. Wesley me miró con seriedad, era un profesor muy entregado a la enseñanza de una materia que no era la más importante del currículo, pero sí la que le permitía desarrollar talentos, ofrecer alternativas, y motivar la sensibilidad, tan necesaria en esos tiempos.

Me preguntó si afinaba y le contesté que sí, añadiendo que tocaba el piano, la guitarra y hasta un poco de percusión. Wesley se quedó asombrado, incrédulo ante el muchachito nicaragüense recién llegado a Estados Unidos que mostraba tanta seguridad al hablar sobre música. ¿Piano? ¿Guitarra? ¿Percusión? Supongo que por su mente no pasaba la idea que en mi país aprendiéramos tanto siendo tan jovencitos. No sé, la gente se hace ideas sobre la vida en Latinoamérica. Wesley se sentó al piano, tocó unas notas para que yo cantara y así lo hice. Acto seguido me pidió que tocara.

—Dale, toca un poco de lo que tú haces— me dijo en inglés.

Tuve que pensar rápidamente qué hacer, porque la realidad era que no me sabía ni una sola canción en otro idioma que no fuera el español. Pero, como la música es un lenguaje universal, le contesté con honestidad que lo haría en español porque no me sabía nada en inglés. Y le toqué y canté. Luego me pasó la guitarra y comprobó que tocaba bastante bien, que tenía buen oído y disposición. *Del tiro* fui aceptado en su clase de canto y, aunque no brinqué de la alegría para no hacer el ridículo, sentía que mi corazón saltaba de emoción, de ese sentimiento bueno y enérgico que te llena cuando logras una de tus metas.

Wesley se convirtió en uno de los hombres más importantes de mi vida, digamos que en mi primer mentor. Me abrió la puerta hacia el futuro, me dio la posibilidad de desarrollarme, de lanzarme hacia lo que en principio fue una aventura y que, posteriormente, me llevaría hasta el lugar privilegiado donde me encuentro hoy. Me validó, me ofreció su sabiduría y me otorgó un espacio en el mundo al que quería pertenecer. Gracias a ese primer empuje, gracias a su *fe* en mi talento, he podido vivir haciendo lo que me llena y llevando el pan a mi mesa siendo fiel a quien verdaderamente soy.

Wesley era un hombre estricto, callado, concentrado. Tenía un gran corazón y un don impresionante de llevarte a tu máximo, de retarte. Me relacionaba excelentemente bien con él; sin embargo, Wesley no era de echar flores y alabanzas, en ese sentido era bastante reservado. Su cariño y su confianza en uno se materializaban a través del respeto, en un trato de tú a tú que te hacía sentir que eras un músico de verdad y que arriesgarte en cada esfuerzo valía la pena. Nunca me piropeó, sin embargo, un amigo me contó que un día, mientras recogían los instrumentos y papeles en el cuarto de ensayo del coro, Wesley, de la nada, le dijo:

—¿Sabes una cosa? Ojalá Dios me hubiera dado la mitad del talento que tiene Luis Mejía.

Al aprobar la audición caí en cuenta que la música era la herramienta que me permitiría entrar al otro lado, o sea, cruzar del lado de los latinos al de los estadounidenses sin tener problemas, borrando esa línea invisible que trazaba el rechazo. A través de la música podía conectar, podía saltar el abismo racial y pisar un terreno en el que los prejuicios no existían, en el que las diferencias culturales no tenían lugar, porque el lenguaje era igual para todos, uno solo. La música era el medio para comunicarme y establecerme en la sociedad. Y siempre ha sido así, el arte es una especie de burbuja en la que todos somos iguales.

La relación con Wesley creció y se convirtió en una más personal y directa. Él comprendía a la perfección lo que yo quería lograr en la escuela a través de mi participación en distintos grupos musicales. Sabía de mi interés por aprender, crecer, desarrollarme y capacitarme para vivir la maravillosa experiencia del escenario. En principio entré al coro y después a un grupo vocal e instrumental mixto, compuesto por mujeres y varones, donde tenía la oportunidad de tocar un instrumento y cantar a la vez. Fue un tiempo de gozo. Los que son músicos pueden entenderme, porque compartimos la misma euforia. Nos reuníamos para seleccionar canciones populares, les hacíamos arreglos a nuestro estilo y las presentábamos en las actividades de la escuela.

## *Hasta del dolor se aprende*

Con el paso del tiempo he comprendido que la etapa que viví bajo el yugo de monseñor Luis Enrique Mejía y Fajardo —aquel tío abuelo maltratador— tuvo su grado de luz, digamos que un lado bueno. Resulta que el cura me decía, por ejemplo:

—Usted va a tocar el órgano— cuando yo jamás en la vida lo había hecho, y tenía que sentarme a tocarlo sin chistar.

De ahí mi atrevimiento a experimentar con todo tipo de instrumentos sin tener la educación, o conocimiento previos. Ser lanzado es una de las características más positivas en el plano musical, porque te lleva a incursionar en áreas totalmente nuevas. Lo peor que puede pasar es que no te encante, o no tengas el talento que se requiere, y si así sucediera, no importa, ya probaste y estás listo para el próximo reto.

Yo era inquieto, curioso, intuitivo; es más, bastante atrevido y lanzado. En el resto de mi vida podía proyectarme un tanto tímido, reservado; teniendo en cuenta por todo lo que había pasado iba como con freno. Pero en la música, no. Al contrario, la música me despertaba las ganas, me zarandeaba con emoción, con un agite que hacía vibrar todo mi cuerpo.

El que es músico de vocación y profesión sabe que en cuanto suena la primera nota nos deslizamos en un viaje que no tiene final, que las horas se nos pasan, que se nos olvida todo lo que no sea esa melodía que nos sacude el alma. Entramos en un trance muy difícil de comprender para aquellos que nos rodean. El tiempo se detiene y todo, absolutamente todo, pasa a un segundo lugar porque permanecemos como hipnotizados, como metidos en un espacio mágico y único del que no queremos despegarnos. Entrar al estudio a crear tiene tiempo de inicio, pero jamás de final.

Así que, sin saber, sin haber tomado una sola clase, comencé a tocar el bajo porque quería entrar a la banda de jazz y el único puesto disponible era precisamente ese, el de bajista. Jamás en mi vida había tocado aquel instrumento, pero sí tenía una referencia de su sonido, porque había escuchado a otros hacerlo. Por suerte, en la casa de monseñor aprendí algo de teoría, así que sabía leer un poco las partituras musicales. No lo hacía muy rápido, pero me las arreglaba. Las ganas, el oído y aquel poquito de conocimiento teórico me ayudaron a estudiar los papeles que me llevaba a la casa y que me aprendía de memoria para luego ejecutar. Fue así como toqué el bajo durante todo un año en la orquesta de jazz de la escuela.

Aprendí montones en esa experiencia. Conocí con más detenimiento ese género que nació en Estados Unidos y se extendió a nivel mundial. Lo aprecié de inmediato. Nunca había estado comprometido con un estilo musical, iba por la libre, sin ataduras hacia alguno en particular, aunque, obviamente, llevaba muy arraigada la música latinoamericana. Por ende, mi encuentro con el jazz me enriqueció y me llevó a ese nivel en el que te das cuenta que el músico de verdad no tiene límites y mucho menos de géneros. Al contrario, se nutre de todo lo que encuentra a su paso y esa experiencia le suma. Comprendí que el jazz es una música compleja y que, como en cualquier otro género, para poder comunicarte necesitaba conocer el idioma, conocer sus códigos y estilos. Esto despertó mi curiosidad y mis deseos de aprender más y más.

La música me ofreció seguridad, alimentó positivamente mi autoestima, dejé de ser el chico latino, el nicaragüense, y comencé a ser uno más. La música me regalaba igualdad.

## Las dos caras de mi moneda

Aquel fue un tiempo glorioso, pero a la vez vivía en otro mundo paralelo. Era curioso y hasta irónico, pues mientras iba saliendo adelante en mis estudios y daba los primeros pasos hacia mi futuro profesional, en mi vida personal atravesaba nuevamente una temporada complicada, amarga. Era como un hervidero en el que se cocinaban a fuego lento las situaciones y problemas de una familia desorganizada, los desapegos e inseguridades típicas de un indocumentado. Además, la situación con mi madre era muy extraña, muy jodida, poblada de una presencia a cucharadas y de una ausencia frecuente que nos carcomía el alma.

Para entonces tenía dieciséis años, una edad muy delicada en la que eres muy grande para los chicos y muy chico para los adultos. Ese tiempo de adolescencia es importante y decisivo. Venía arrastrando mucha carga desde mi país, sufriendo muchos cambios que no son usuales para un adolescente, intentando amoldarnos al choque cultural, a una nueva forma de vivir y de hacer las cosas.

En la casa de la tía Inverna, todo se complicaba. Mirándolo ahora me doy cuenta que éramos demasiada carga para ella, que nos dio todo lo que pudo y que sufría en silencio por los problemas que representaba la ausencia de una hermana que le dejó a sus hijos. Simple y sencillamente a ella le cayó la responsabilidad. No fue fácil, ella y su marido hicieron un esfuerzo monumental y eso lo sabemos y se lo agradeceremos toda la vida.

Inverna y María Aurora, mi madre, chocaban. Inverna era muy mamá, trabajaba fuera de la casa y llevaba una filosofía estricta que contrastaba con el libertinaje de su hermana. Precisamente por ese espíritu libre nos dejó a la intemperie, produciéndonos un dolor inmenso y provocando un enojo tal en Inverna que se mantuvieron en discordia muchísimo tiempo. No era para menos.

Inverna no lo decía, jamás lo expresaba, pero para ella tuvo que ser un *shock* la llegada de dos muchachitos que cruzaron el mar desde Centroamérica para encontrarse con una mamá que no apareció hasta el otro día, que después se fue, que les dejó a sus hijos, y que en adelante aparecería y desaparecería.

Mi madre estaba, como se dice popularmente, en su rollo. También residía en California, pero casi nunca nos veíamos. Ella nos soltó, no pudo bregar con la responsabilidad que conllevaba la maternidad. Seguía siendo muy inestable en materia de trabajo por su condición de indocumentada, de ilegal, que la llevaba a recorrer una fábrica tras otra y cualquier centro donde la aceptaran y pudiera ganarse algo de plata. De esta forma entraba y salía de un trabajo a otro, sin lograr afincarse. Las raíces no existían.

Para nosotros era demasiado. *Too much*, como dice el norteamericano. *Matún* y yo íbamos pisando terreno en un mundo nuevo, lleno de cambios, de la mano misericordiosa de la familia, pero nos hacía falta el amor maternal, su fortaleza, su abrazo, su calor, su consejo y su regaño. Carecíamos de esa madre por la cual nos trasladamos desde Nicaragua hasta un país extraño anhelando esa vida de tres, ese encuentro.

Un buen día, la tía Inverna nos corrió de la casa. Ya no viviríamos más con ella. No recuerdo cuál fue el problema, pero comprendo —y para mí es importante repetirlo— que su situación era muy dura. No me acuerdo siquiera las palabras que utilizó y mucho menos su expresión. Para ella debió ser terrible y para nosotros fue un golpe muy duro. Yo tenía dieciséis años y *Matún* catorce cuando nos encontramos en la calle, sin un techo seguro. Ya les digo, fue muy duro y nos obligó a darnos cuenta que no había otra opción, que fuera como fuera teníamos que echar hacia adelante con todo. Pero no era tan fácil, en realidad no sabíamos cómo hacerlo y éramos demasiado jovencitos.

## *La vida en la calle*

Encontrarte sin un lugar donde vivir es desesperante. Los nervios te consumen, sientes unas ganas inmensas de atacarte a llorar, de gritar hacia lo alto, te invade el miedo a lo desconocido, te desesperas, porque no sabes lo que pasará. La falta de hogar provoca terror.

Afortunadamente, nos habíamos hecho amigos de una familia mexicana cuyas hijas iban a la misma escuela, a La Serna. La mayor era asistente de maestra en el programa ESL. Escucharon espantadas nuestro relato, hablaron con sus papás y nos dieron albergue temporal. Con esta familia nos quedamos un par de días, agradecidos por su gentileza y solidaridad.

Es increíble que dos muchachitos se vean forzados a pasar sus días de casa en casa. Sentíamos mucho dolor, ese que te da en el cuerpo entero cuando sientes que ya no puedes más y que amenaza con paralizarte y lanzarte al camino de lo negativo, de la solución fácil. Es difícil ser bueno; mantener tus principios requiere fortaleza y sacrificio. Nos apoyábamos el uno al otro con palabras de aliento, pero en realidad no había manera de disfrazar la triste situación que estábamos enfrentando. Era injusto, tal y como lo es para tantos jovencitos en el mundo que andan solitarios, que cada día se levantan pensando en cómo sobrevivirán.

Pienso mucho en lo que sentiría *Matún*, que era más pequeño. En la película de ese trozo de vida lo recuerdo haciéndose el fuerte, sacando pecho, pero yo sabía que en su interior estaba destrozado, machacado, estrujado. Quizás hasta más que yo, que iba creando una coraza para poder funcionar entre dos mundos diametralmente opuestos.

En la escuela debía mantenerme alerta, con mis neuronas activadas y prestas para aprovechar esa bendición que era la educación y formación musical que recibía. Dejaba mis dolores en la entrada y me concentraba en beneficiarme de los estudios, porque esa era la herramienta que me permitiría salir de nuestra situación. No sé cómo logré hacerlo, cómo siendo tan jovencito pude separar una cosa de la otra para que no se afectara la oportunidad del estudio.

Cuando observo a mi hijo Luca, que es adolescente, me es inevitable verme reflejado, mirarme en él y recordar que a su edad yo atravesaba una vida completamente distinta, comandada por el terror de no pertenecer, de no formar parte de algo, de no tener. Agradezco al cielo su vida tranquila, rodeado de unos padres que le aman, le guardan y respaldan. Luca, como todo hijo criado con amor responsable, no camina bajo la sombra de la incertidumbre, no necesita preguntar por sus padres porque ahí están, no se cuestiona dónde pasará la noche, dónde dormirá, qué comerá, qué le deparará el futuro. Todo lo contrario, disfruta de la etapa de la adolescencia como tiene que ser, sin las preocupaciones que a nosotros nos tocaron y con el apoyo para intentar desarrollarse en todo lo que quiera. Si algo me he propuesto en la vida es ser excelente como padre, y creo sinceramente que lo voy logrando.

A la Serna iban unos chicos de una familia nicaragüense, eran varios hermanos con su papá y su mamá. Al sabernos en la calle y sin tener donde ir, ellos nos abrieron las puertas de su hogar. Ellos eran la familia Jaén. De tanto ir de casa en casa, mi memoria ha extraviado los nombres de todos esos amigos que nos acogieron bajo su techo. Supongo que es lógico que en una vida de martirio los recuerdos se vayan nublando. Lo cierto es que seguimos de una casa a otra, viviendo en varios lugares con amigos. Lamentablemente, al mudarme de Los Ángeles les perdí la pista a muchos de ellos; no obstante, no importa dónde se encuentren, cada vez que me acuerdo los bendigo.

De la familia mexicana nunca supe nada, pero sí de los nicaragüenses, que fueron unos chicos muy emprendedores que se prepararon bien y llegaron a tener sus negocios. Era una familia súper unida y eso me llamaba mucho la atención, porque en el fondo, era lo que yo quería. Años después, *Matún* trabajó en un concesionario de autos propiedad de uno de ellos y pasados unos treinta años, en ocasión de uno de mis conciertos, nos reencontramos. Fue gente toda muy linda, muy especial para nosotros, y sin ellos quizás no hubiéramos sobrevivido al infierno de no contar con un hogar.

## Nuevo regreso de mamá

Un buen día reapareció mi madre, porque ella era así, aparecía y desaparecía. Nos buscó, nos encontró y nos pidió que nos fuéramos con ella. Mi hermano y yo le habíamos perdido la ilusión, se nos hacía muy difícil creerle, pensar que estaríamos bien con ella. Nuestro instinto se había afinado con tanto golpe, y nos sujetábamos más a lo que entendíamos que era real. Regresó con el típico argumento de los que vienen y van a gusto y gana:

—Voy a estar bien, todo será mejor, se los prometo, las cosas han cambiado.

Con esas frases intentaba excusar su abandono, su falta de responsabilidad para con dos de los tres hijos que parió.

La nuestra era una historia difícil de entender y mucho más de sobrellevar. Mi hermano siempre fue muy inclinado hacia mi mamá, cosa lógica en los hijos más chicos. Yo, como era mayor, veía las cosas un poco diferentes, y mi madre, al darse cuenta que mi mirada era menos infantil, más real, y quizás hasta fiscalizadora, comenzó a manifestar preferencia por *Matún*, a apegarse más a él.

No nos quedaba otra que vivir con ella, así que nos fuimos al apartamento que tenía en una ciudad más lejana, desde donde viajábamos en autobús escolar para llegar a La Serna, porque era en ese plantel donde queríamos darle continuidad a los estudios y terminar el grado de escuela superior. No había quién me hiciera cambiar de opinión en cuanto a esa escuela en donde había encontrado mi vocación y espacio para realizarme. Mi futuro profesional no era negociable.

Las promesas y los ofrecimientos de mi madre fueron en vano. Vivir con ella fue demasiado estresante. Nunca sabíamos lo que iba a pasar, no había la más mínima certeza. Era una sensación rara, como si estuvieras instalado en un abismo, o caminaras al borde de un precipicio.

Su apartamento tenía dos cuartos y nosotros éramos tres. Yo dormía en una habitación y *Matún* en un sofá cama en la sala. Mi madre seguía siendo ilegal y, por ende, atravesaba todas las penurias que sufre una persona sin derechos, sin estatus. La inestabilidad del indocumentado es un tormento que puede llevarle a triunfar o a claudicar.

Hablar sobre mi madre me da mucho trabajo. Creo que esta es la primera vez que lo hago de manera pública. Mis amigos saben que no la menciono, y no lo hago por maldad; simplemente, lo que no se conoce a fondo no está presente. Nuestra relación ha sido una cruz emocional que he tenido que aprender a cargar en un ritmo de poco a poco. Hay muchos hijos como nosotros y cada cual lo vive a su modo, porque cada experiencia de estas es muy, pero que muy particular.

En principio, mis sentimientos de hijo eran muy esenciales, muy simples. Como todo niño, lo único a lo que aspiraba era a contar con esa figura maternal que te cubre, que enjuga tu llanto, borra tus miedos, en fin, a ese amor inmenso y eterno. Lamentablemente, ese amor de hijo a madre se convirtió en indiferencia, en una cordialidad tranquila. No culpo a mi madre, no la juzgo, es más, desde la madurez que te llega de adulto hasta puedo comprenderla. La quiero, sí, pero con un amor opaco, callado, no con ese sentimiento visceral, sólido y comprometido que veo que sienten otros hijos. Creo que la consecuencia de sus actos fue perderme de a poquito.

Hoy en día, nuestra relación es buena, pero un tanto fría, con esa lejanía lógica del hijo que no se cría bajo el ala de ese alguien destinado a amarte, protegerte y encaminarte. No tengo cordón umbilical con mi madre. La conozco, claro que sí, pero no a fondo, como conozco a otras personas de mi entorno. No dudo de su amor, pero fue un sentimiento sin compromiso, irresponsable, que se quedó corto.

De acuerdo a lo que me contaba la familia, en su juventud mi mamá fue una mujer de carácter alegre, le encantaba bailar y tal parece que al contonearse se desahogaba. ¡Bailaba espectacular! Hasta le preguntaban si era de sangre cubana, o boricua, cuando bailaba salsa, porque tenía un son y un sabor sensacional, de esos que atrapan las miradas tan pronto se mueve en la pista. De ahí sacó el *swing Matún*, que siempre ha bailado de maravilla. Era cariñosa, inteligente y parlanchina. No era disciplinaria. Si no podía disciplinarse ella misma, ¿cómo iba a poder hacerlo con los demás?

## Las luchas de mi madre

El divorcio de mi padre le sentó mal, no por los estragos consecuentes del desamor, sino porque desató en ella una rebeldía tal que la llevó a querer vivir sola, sin normas, sin reglas, en un estado de libertad que se le cruzó en el camino y le impidió encontrar su propósito en la vida. Creo que el ego la jodió. Ese estado de «yo ya lo sé todo» que asumen muchas personas termina descalabrándolas en una mala jugada. Va en detrimento de lo que eres y al final no te ayuda en nada —y te impide dejarte ayudar—, al contrario, va encerrándote en una cápsula de negatividad casi imposible de romper.

Sospecho que si mi madre se hubiera quedado en Nicaragua habría incursionado en la política y hoy en día esta historia sería otra. Era talentosa, no había quien la ganara en el campo de las ventas, tenía una labia encantadora, casi mágica, y no le hacía daño a nadie. Pero ahí se quedó, sin evolucionar, sin crecer, sin triunfar. No era una mala persona, pero estaba ensimismada y atrapada.

Mudarse sola a Estados Unidos la hizo sentirse libre. Imagínense, salir de un pueblo pequeño, de un país de costumbres sociales estrechas y marcharse a un terreno de libertad total era un giro de ciento ochenta grados. Ya nadie la controlaba, no tenía responsabilidades. No encajaba en Nicaragua; de hecho, las pocas veces que regresó, la familia le pedía que se quedara, pero era evidente que su país la asfixiaba.

El fuero interno amarró a mi madre a varios vicios, la sacó de una vida que pudo haber sido muy tranquila para lanzarla a un «yo no sé mañana». Entraba y salía del apartamento como quería. Mi hermano y yo teníamos el corazón siempre en un hilo, el oído alerta, siempre en espera que regresara, de verla entrar por la puerta para soltar la angustia y poder respirar. Demasiado intenso para unos adolescentes. Se supone que debería ser al revés y que fuera ella la que estuviera siempre en espera que sus hijos llegaran a la casa.

Uno de mis peores recuerdos es el de una vez que mi madre se desapareció dos días. Jovencitos al fin, no teníamos cómo movernos, ni dinero para comprar lo que se necesitara. Nos quedamos sin papel higiénico; sé que parece exagerado, pero así fue. Esperamos, esperamos, esperamos y no llegaba. Entonces *Matún* y yo fuimos caminando a un supermercado para robar papel para el baño. No se me olvidará jamás. Cuarenta y ocho horas después, ella atravesó el umbral como si nada, como si su ausencia hubiera sido de un par de horas. Afortunadamente, nunca fue abusadora o agresiva; la razón de sus problemas era la irresponsabilidad que lastimosamente le nacía.

Cuando regresaba, nosotros la revisábamos disimuladamente con la vista. Le pasábamos la mirada de abajo arriba, desde la cabeza hasta los pies. Se veía bien, era obvio que había estado de juerga, pero estaba fresca, coherente. Al contarlo siento mucha pena. Ahora que entiendo bien lo que es la adicción, me doy cuenta que mi madre andaba en su mundo, amarrada a una realidad que la aplastaba. De nada le valía ser brillante cuando su peor enemiga era ella misma. Pasó mucho tiempo esclavizada. No era una persona mala, claro que no, dentro de todo tenía buen corazón, pero, al momento de decidir entre una vida positiva y una negativa, esta última la tentaba.

Eran los últimos años de la década de los setenta, una época marcada por cambios en la estructura de la sociedad.

Las drogas, en especial la marihuana y el opio, se iban adentrando y aderezaban las noches de los clubes nocturnos en todas partes del mundo. Era lo *in*, lo que estaba en apogeo.

Mi madre tenía una personalidad rebelde, retadora, y cuando eres así agarras esa mierda porque crees que con ella te creces, que pisas fuerte y dominas. Pero qué va, es totalmente al revés, la droga te domina, se te mete en el cuerpo, se apodera de él y te revienta. Se inmiscuye en tu ser atrapando tu parte buena y te arrastra como la corriente de una playa de donde no podrás salir. De una cosa pasas a la otra: la droga, el alcohol, el juego…, la vida se te vuelve una desgracia, respirar aire limpio te cuesta, porque este tipo de vida te destruye sin que te des cuenta.

Siempre le he reprochado a mi madre esa conducta. La vida le dio varias posibilidades de voltear la cara y reivindicarse, pero ella las rechazó. Su rebeldía la descojonó. Decidió vivir una vida gris en vez de una digna y tranquila. Lo peor era que en esta historia había dos chiquillos que no sabían, que no entendían y que sufrían lo que no les tocaba.

Si algo bueno he sacado de esta parte de mi historia es mi aversión a la droga. Jamás, en mis cincuenta y cuatro años de vida, he consumido drogas o pastillas. Conocer esa dependencia desde mi trinchera me ha salvado, quizás, de ser una de tantas personas que sucumben ante el monstruo de la adicción. Y cuando digo adicción me refiero no solamente a la droga, sino a cualquier tipo de conducta adictiva.

Es triste ver a un ser querido ahogarse así. Cada entorno, cada familia, asume este tipo de problemática de una manera diferente porque los niveles de tolerancia y las realidades diarias no son los mismos para todo el mundo y hay que ver hasta cuándo una familia puede aguantar algo así. No sé, de repente cuando es una vez…, pero cuando se trata de un asunto reincidente es demasiado pesado, delicado y fuerte.

Las familias, los entornos, los círculos de las personas que sufren conductas adictivas son también víctimas y pueden terminar siendo absorbidos por las entrañas de ese remolino gigantesco que no tiene principio ni fin. Menos mal que con el tiempo y el azote que ha recibido la sociedad se han formado grupos de apoyo, se han fundado centros de rehabilitación y otras herramientas que están hoy día al alcance de quien se quiere curar, y de las familias que asumen la responsabilidad de cuidadores.

La vida es tan sorpresiva que, irónicamente, uno de los clásicos de mi carrera es la canción *Date un chance*, de la autoría de Omar Alfanno e incluida en el álbum *Luces del alma*, que grabé para Sony Discos en 1990. Quién hubiera dicho, o tan solo adivinado, que el intérprete de ese exitazo musical sabía muy bien lo que cantaba, que la letra le tocaba muy adentro, y que cantarla para él era cumplir una misión de extender un mensaje que, de alguna manera, le hiciera bien a alguien.

6

# La vida sin papeles

*Si queremos,*
*la fuerza la encontramos dentro.*
*Hay que aferrarse al sentimiento*
*de abrazar la dignidad.*

*[…]*

*Y lleva el amor como bandera,*
*traspasando las fronteras*
*que nos quieran imponer.*

**De** *Ya comenzó,* **del álbum Jukebox**

ara una persona no indocumentada, que no haya padecido el martirio de una ilegalidad impuesta, puede ser un tanto complejo entender el nivel de angustia, ansiedad, miedo y casi parálisis que se siente como consecuencia de no tener un estatus de legalidad en el país en el que se vive, o, mejor dicho, en el que se intenta vivir. El estatus migratorio es un problema de raíces extensas, de nivel profundo, que afecta emocionalmente y que interfiere en el afán de buscar y encontrar un futuro mejor.

No creo que nadie abandone su país por gusto. Bueno, muchas personas emigran para cambiar de ambiente, o abrazar prometedoras oportunidades de empleo, pero si ese ambiente y esas oportunidades estuvieran en su país quizás otra sería la historia. Dejar atrás tu tierra, tu familia, tus amigos y las escenas que hilvanan tu vida responde a la necesidad apremiante de obtener mejores condiciones, de mejor calidad de vida, de derechos humanos, que nos corresponden de nacimiento y que por varias razones no los tenemos. Me duelen las noticias sobre los hermanos cubanos y dominicanos que se lanzan al mar en una travesía horrorosa y peligrosísima —en la que a veces pierden la vida— con tal de llegar a suelo norteamericano.

El alma se me va en un hilo cuando escucho el recuento de los sucesos en la frontera entre México y Estados Unidos. Me aflige saber que, al otro lado del mundo, en el continente europeo, hay una crisis migratoria que afecta a miles y miles de personas. Los medios de comunicación informan sobre nuevos casos cada día. Me atrevo a asegurar que, como yo, hay una grandísima cantidad de inmigrantes, ahora legales, que observan como espectadores desconsolados el panorama de la migración a nivel mundial reviviendo sus procesos.

La vida sin papeles es una experiencia que no tiene comparación. Se lleva el miedo pegado a los huesos, el corazón en compás de susto, y la psiquis en un hilo, al borde de un risco en el que al asomarte no alcanzas a ver el fondo. Basta mirar a una persona indocumentada para descubrir en sus ojos un velo de tristeza que, no importa cuánto ría, no se va, sigue ahí, porque para desvestirse de ese dolor tienen que ocurrir una cantidad de acciones protocolarias del gobierno que unas veces tardan y otras veces no llegan. Es irónico que tengan que validar tu existencia. Se vive a la ligera, sin echar raíces, sin sentido de pertenencia hacia un lugar, llevando listo lo poco que se tiene para seguir andando camino. Somos nómadas por decreto de otros.

Vivir de esta manera para mí fue duro, inmensamente duro.

En 1970 mi papá se había vuelto a casar en Nicaragua. Su esposa se llamaba Daisy Fitoria y de esa relación tengo cuatro hermanos: Ramón, Atahualpa, Diriangén y Donahí. La familia de Daisy vivía en la ciudad de Los Ángeles y, en un intento por ubicarnos en algo parecido a un hogar, mi padre nos conectó con ellos. La tía de Daisy se llamaba Matilde, Matilde Fitoria, una señora muy agradable que nos acogió con gran amabilidad y cariño. Ellos sabían lo desprotegidos que estábamos en suelo norteamericano y, aunque no podían darnos albergue, porque la casa estaba llena con su esposo, unos sobrinos, que también habían salido de Nicaragua, y una sobrina, nos abrieron las puertas para que pasáramos los días allí en un ambiente de familia, de amigos, lo que nos daba un poco de aire y tranquilidad. De vez en cuando pernoctábamos allí. La casa de doña Matilde, además, nos ofrecía la posibilidad de estar conectados con mi papá. En una era desnuda de tecnología, tener un número y aparato telefónico para una llamada, o una dirección para una carta, era algo grande, vital.

## Una separación muy dura

Dormíamos entonces en un apartamento rentado por mi madre, quien continuaba trabajando en factorías y llevando una vida sin fronteras en la que nunca sabíamos si regresaría a la casa. Se perdía por días, mientras nosotros nos moríamos pensando que la habían deportado. Vivíamos en el constante vaivén del no saber, lo que para dos jovencitos podría calificarse como inhumano. La incertidumbre nos devoraba.

Intentábamos seguir con nuestra vida, nos preocupábamos por asistir a la escuela, por estar bien en las clases. Llevábamos la procesión por dentro. Seguíamos estudiando en La Serna, que quedaba extremadamente lejos. Viajábamos en un autobús, luego en otro, y en otro, hasta llegar al plantel escolar. ¡Impresionante nuestro tesón a tan corta edad!

Mi madre tuvo que irse a Centroamérica y *Matún*, que entonces tenía quince años, se vio obligado a irse con ella porque era menor de edad. Yo tenía diecisiete años y me era imposible hacerme cargo de mi hermano. Esa fue la primera vez que nos separamos sin fecha de reencuentro. Para mí fue, y sigue siendo, un episodio horrible, espantoso, cuajado de lágrimas y dolor. *Matún* era lo único estable en mi vida, mi hermano, mi cómplice, mi compañero, el único que sabía y entendía. El amor entre dos hermanos que luchan juntos por sobrevivir es más intenso, más solidario.

Me tocaba quedarme solo en USA y, por cosas de Dios, me dio por contarle la situación a Wesley, mi maestro de música en La Serna.

—No quiero irme —le dije— porque quiero terminar mis estudios y continuar.

Lo único recurrente en mi vida era mi deseo de progresar. Él me entendió, y me dijo que hablaría con una familia que conocía, para averiguar si podían darme albergue por un tiempo, de manera que no perdiera lo que hasta el momento había logrado académicamente. De ese tramo recuerdo que iba por ahí cantando las canciones de mis tíos, esos temas de corte revolucionario y sonido autóctono por los que me botó mi abuelo, pero que en el presente me conectaban mentalmente con ellos y con mi país.

La familia me recogió —qué terrible suena esta palabra, recoger— y me dio un techo por poco tiempo. Creo que tuve la culpa de no quedarme con ellos más días; no estaba acostumbrado a vivir en familia, es más, estaba con la actitud rebelde, jodido psicológicamente, no soportaba que nadie me dijera lo que tenía que hacer, que me impusieran reglas. Había vivido abusos serios, sufrimientos, no era un adolescente normal y corriente. Así que duré muy poco con ellos, aunque también les estaré siempre agradecido.

Al quedarme de nuevo al descubierto, el maestro Wesley apareció a mi rescate. Tenía una casa rodante pequeña, estacionada y sin usar en la entrada de su casa, en ese espacio que acá se conoce como *driveway*. Era un sitio chico, en el que no había electricidad, pero me lo ofreció para que tuviera al menos un lugarcito privado. Podía entrar a su casa a ducharme, a comer con ellos, pero tendría mi propio espacio. En su casa, que era muy sencilla, Wesley vivía junto a su esposa y sus dos hijos varones. Acepté y permanecí en el *driveway* de Wesley por todo un año, mientras cursaba mi último año de escuela superior, como le llaman acá, el *senior year*.

Aquel *camper* se convirtió en un mundo aparte donde me hacía películas mentales en las que lograba todo lo que quería, mientras iba diciéndome a mí mismo que todo iría bien. En el fondo seguía siendo un jovencito a la intemperie, sobreviviendo una situación para la cual mi niñez en Nicaragua no me había preparado. La experiencia con el cura me capacitó para la dureza, me hizo buscar, encontrar y sacar fuerzas, pero la realidad es que sentirte desamparado no se puede comparar con nada, es un sentimiento hijo de puta… Sentirte querido, protegido, mimado y que de repente te arranquen todo eso, es, como dice el refrán, *que te quiten la alfombra de los pies…*

Nunca viví en un núcleo familiar de esos que se califican como normales, compuesto por papá, mamá e hijos. No disfruté de esa estructura que te permite desarrollarte, conocerte, echar *pa' lante*, pero durante mis años de infancia las casas de los abuelos siempre me dieron una estabilidad que ahora, por supuesto, no tenía.

Vivir así te enseña a deshacerte, al menos momentáneamente y por intuición, de todo aquello que te entorpece el camino, que te jode. Vas tapando huecos, viviendo el día, resolviendo. Creo que de ahí surge mi facilidad de desprenderme de las cosas, de la gente, de echar a andar cuando el instinto me lo recomienda. Es que no desarrollas la capacidad de mantener relaciones largas y estables, no te adhieres a nada ni a nadie. Aprendí a no aferrarme, y mi pretensión diaria era muy simple: sobrevivir.

La etapa de la niñez conlleva la necesidad orgánica de una madre, así que, cuando no la tienes, vas desarrollando poco a poco la madurez de aceptar el vacío de lo que no existió y comprendes que esa ausencia y destete no debió suceder.

¿Me entienden? Aprendes a vivir con la falta de los afectos y de la protección que se supone debiste tener. Mi madre estaba, vamos, de alguna manera, pero no formó parte de las cosas importantes de mi vida. No tengo los recuerdos de su presencia en mi infancia ni en mi adolescencia, como los tienen otros adultos. Es como si le faltara un pedazo a mi película y se saltara esa parte. En mi mente no existen imágenes felices protagonizadas por ella. Esto es lo que me tocó y con esto vivo, intentando convertirlo en positivo en la relación con mi hijo.

## Un muchachito cargado de responsabilidades

Volviendo a la experiencia en la casa rodante que me proporcionó Wesley, obviamente me vi en la obligación de comenzar a trabajar. El maestro, con una generosidad extraordinaria, me dio techo y comida en un gesto totalmente desinteresado, pero yo tenía que buscar la manera de pagar por mis cosas, por mi ropa, el dinerito para llamadas de larga distancia, en fin, lo básico. Entonces apliqué y me dieron trabajo en un establecimiento de comida rápida, de hamburguesas, llamado Wendy's.

No tenía auto, pero mi maestro me prestó la bicicleta de uno de sus hijos para que pudiera transportarme al trabajo. Así que todos los santos días, luego de terminar la escuela a las dos de la tarde, corría al *camper* a cambiarme, y emprendía una hora de pedaleo para llegar a Wendy's, trabajar, cerrar la tienda a las once de la noche, limpiar los baños, barrer, fregar el piso, dejar todo limpísimo, y pedalear otra hora de regreso. Aún hoy me pregunto cómo mi cuerpo tan delgadito logró aguantar esa marcha sin enfermarse.

La consecuencia era lógica: a diario me quedaba dormido en la primera clase en la escuela, que era la de Estudios Sociales. El cuerpo y la mente no daban para mucho más de tanto cansancio y amanecidas. Una pena, porque me encantaba ese curso en el que se desataban debates sobre política, se discutía la guerra en Nicaragua, el conflicto en Irán, y todo lo que estaba sucediendo alrededor del mundo. Pero era inevitable rendirme ante el sueño luego de acostarme casi a las tres de la mañana y levantarme a las seis para emprender la marcha de nuevo. Tres horas no eran suficientes para descansar. No tuve más remedio que contarle a míster Shoop, el maestro, por qué me quedaba dormido. Supongo que sintió mucha pena, porque un día, en un gesto de suma bondad, me dejó dormir durante dos periodos completos de clase, como para que descansara.

De alguna manera tenía que pasar esa clase de Sociales. Como nada está escrito en piedra, fui tan atrevido que le propuse al profesor hacer el trabajo diario en la casa y prepararme para los exámenes en el salón. No podía garantizarle que cumpliría con el curso despierto y, afortunadamente, él entendió y lo aceptó. Y resulta que ese maestro era saxofonista, de ahí quizás surgía su apoyo y su entendimiento, porque los músicos conocen de primera mano las trasnochadas por trabajo. La música nos brindó un punto de encuentro, de conexión, y hasta comencé a llevarlo a mis proyectos, a las presentaciones que hacía en los cafés para que tocara conmigo. Él nunca había tocado ritmos latinos y estaba encantado. Gozaba aquellos pequeños *shows* como si fuera un niño. Entendía mi situación de estudiante-trabajador-músico, y admiraba el esfuerzo sobrehumano que le ponía a todo para poder finalizar el curso escolar.

## Ángeles en el camino

Aun con toda la ayuda que iba recibiendo de los ángeles que aparecían en mi camino, mi mundo se centraba en la misma situación: tenía que tirar hacia adelante solo. Me empeñé en terminar los estudios y así fue. Me ilusionaba sobremanera la idea de seguir estudiando, de entrar a la universidad del Estado, anhelaba ser maestro de música para niños especiales, componer mis canciones, continuar en la percusión… Sí, quería un título universitario, una carrera en el campo de la enseñanza. Iluso yo, que no caía en cuenta que sin papeles de estatus legal no podía matricularme, ni siquiera soñar con la universidad.

Wesley se había comprometido a ayudarme hasta que acabara mi escuela superior. Mi tiempo bajo su abrigo tenía un límite, por supuesto, no faltaba más, por lo que una vez graduado tenía que irme, buscar qué hacer, resolver mi vida. Hasta esa fecha había trabajado en todo lo que aparecía. Laboré como jardinero, lavando camiones de basura por dentro y después en el Wendy's, que fue un trabajo bastante estable, aunque era a tiempo parcial. Recuerdo a la *manager* de la tienda, una señora bastante fea, pintoresca y loca, que me agarró gran cariño. Sabía que era indocumentado, que no tenía familia cercana que se ocupara de mí, que era un chamaquito a la deriva. Me trataba muy bien, me daba mano libre en la tienda para que me ocupara. Wendy's me daba, como valor añadido, la posibilidad de comer, lo que en ese momento era importantísimo. Entonces era puro pelo, cejas, y ganas de vivir.

Por suerte, en mi vida siempre han existido ángeles de carne y hueso que me han dado respaldo hacia la próxima etapa. Es como si fuera una de esas carreras de relevo en las que yo soy la estafeta. Aparecían de manera extraña, cuando menos lo esperaba. Creo que el cielo los enviaba justo a tiempo, porque reconocía que la vida era injusta conmigo.

Al Wendy's llegó un nuevo *manager*, un afroamericano con quien no tenía nada en común. Pero le gustaba la música, ¡vaya que le gustaba escucharla mientras se fumaba su cigarrito de marihuana! Si no me traiciona la memoria, creo que era de Phoenix, Arizona, y tendría en aquel entonces treinta y tantos años. Se llamaba Ron.

Ron fue mi próximo destino, la siguiente parada en una autopista de «asilos» que aparentaba no tener fin. En vista que me quedaba de nuevo en el aire, me invitó a vivir en su apartamento. Tenía un solo cuarto, pero en su salita podía dormir en un *sleeping bag*. En ese momento tenía una camioneta que le compré al papá de una noviecita como en 150 dólares. Era una *station wagon* enorme, medio despintada y destartalada, que tragaba más gasolina que el carajo. Estaba tan jodida que para que arrancara tenía que ponerla en punto muerto y dejarla prendida unos quince minutos para lograr que entrara el cambio y arrancara.

Me quedé con Ron durante unos meses, agradecido porque me albergó. La gente me tomaba cariño, sentían empatía con mi situación y de alguna u otra manera me ayudaban. A Ron lo transfirieron del Wendy's y la vida nos separó. Jamás volví a ver a este hombre que llegó a mi vida justo a tiempo. Parece increíble, pero estando por ahí, y ya sin el albergue de Ron, me encontré con un exnovio de mi mamá, cuyo nombre no recuerdo, y cuya relación con ella duró poco tiempo. Ese fue otro techo. Me ofreció quedarme en su casa y allá fui. Yo era un chico sin pertenencias, tenía solamente un bulto y una guitarra, lo que me ayudaba a acomodarme en cualquier lugar sin molestar. Este hombre me trató bien, pero era adicto y me resultaba muy difícil vivir en ese ambiente.

Lo único que me despejaba la mente, lo que me daba un rato de confraternización social, era conectarme con los amigos de la escuela, con los que mantenía algún tipo de comunicación después de graduados. Uno de ellos es Patrick Freeman, un gran amigo con quien todavía hoy tengo relación. En La Serna High School, Patrick fue mi yunta, mi mejor amigo. Era músico, cantautor, componía canciones en inglés muy lindas, pero de estilo *country*, un género que por medio de él comencé a apreciar e incluso a conocer y hacerme fan de algunos artistas como James Taylor y Kenny Loggins. Patrick tampoco entendía de lo latino pero así como gracias a él aprendí del *country*, conmigo aprendió a entender nuestra música. Patrick se convirtió en el confidente de mis sueños y hasta de mis deseos de regresar pronto a Nicaragua.

En esa etapa, nuevamente la vida me premió poniendo en mi camino a una familia nicaragüense sumamente importante para mí: los Torres. Adán Torres es el compositor de una canción que se titula *Almohada* (*Amor como el nuestro, no hay dos en la vida...*, ¿la recuerdan en la voz de José José?). Con Adán y su esposa Marina Moncada viví casi dos años. Marina es una mujer dulce, buena, con una voz muy linda. Ella y Adán tienen dos hijas. Me acogieron en su hogar y me ofrecieron una experiencia de vida maravillosa, porque juntos hicimos mucha música. ¡Estaba feliz! Adán fue la primera persona que me motivó para que compusiera.

—Tú tocas guitarra— me decía, —entonces tienes que componer tus canciones.

Con Adán pude adentrarme en ese proceso creativo que une la melodía y la letra. Por insistencia suya, comencé a escribir. Estuve un par de años en su casa, disfrutando de inolvidables momentos bonitos. Fueron increíbles conmigo, hicimos buena música y, sobre todo, me inyectaron una gran confianza. Sin saberlo, o sin proponérselo, impulsaron y acunaron al compositor que soy.

## Amigos de verdad

Confieso que soy de contados amigos, pero amigos de verdad, de esos con los que quizás no hablas en meses, en años, pero que cuando les llamas es como si el tiempo no hubiera transcurrido, como si retomáramos la conversación en el punto exacto en que la dejamos. Precisamente a raíz de este ejercicio de escribir sobre mi vida llamé a Marina, quien combina su profesión de sicóloga con el arte de hacer poesía.

En la larga conversación telefónica, Marina me refrescó la memoria.

—Siempre admiré tu perseverancia, tu deseo de aprender, aunque fuera por cuenta propia. Jamás descansaste un segundo haciendo lo que más amabas, la percusión y la guitarra.

En esa vuelta atrás al tiempo que tejió nuestro diálogo, me recordó que a Adán le gustaba la salsa, en particular la del cantante puertorriqueño Héctor Lavoe, y que nos sentábamos juntos a escuchar el disco que contenía el tema *El cantante*. Mientras disfrutábamos de Lavoe, yo intentaba descifrar cómo se hacía esa música, cómo se le sacaba el gusto y el sabor a las tumbadoras.

Adán era un hombre súper trabajador, que laboraba en una lechería con un horario bastante agotador. Yo lo esperaba a diario y con ilusión para practicar sus canciones e intentar aportar algo en sus arreglos. La música nos unió y, como si fuera un cuenco de agua santa, nos alivió la añoranza por Nicaragua. Ellos también llevaban la tristeza de la patria lejana, habían llegado ilegalmente con sus dos niñas a Estados Unidos hacía poco más de tres años, así que a través de nuestro junte con la música folclórica nica expresábamos nuestro sentir por la situación política y social que vivía nuestro país.

Hablar con Marina me ha hecho mucho bien, porque me reafirmó cómo era yo en ese momento. Me contó que era un chico agradecido y respetuoso, y añadió algo muy interesante:

—El haber sobrevivido tiene que ver con tu esencia y con el hecho que en tu ADN llevas las ganas de querer hacer bien las cosas.

Entre los recuerdos que me regaló Marina hay algo en particular que tenía completamente olvidado y que me dio harto sentimiento. Me habló de una caja de madera, de esas en las que se colocaban los refrescos embotellados, donde a falta de maleta cargaba mis pocas pertenencias. Según me dijo, siempre las mantenía organizadas y entre ellas había un cuaderno con canciones, algún amuleto, cartas, en fin, las pocas memorias que podía tener a esa edad y que me daban sentido de pertenecer a algún lugar. Me contó que llevaba ese cuadernillo bien organizadito y limpio, y que en él iban mis ideas, mis primeras letras.

Agradecí a Marina la plática, cada una de sus palabras, y, al colgar la llamada, en mis adentros di gracias a Dios por tanto, sobre todo, por esos amigos que jamás me han fallado. Reafirmo que sin ellos en mi camino mi vida no sería lo que es hoy. Ciertamente hay gente que se aparece en tu sendero para dejarte cosas y seguir, y otros que se quedan para siempre. A estos últimos puedes regresar siempre, en cualquier instante, porque sí, y con la libertad de poder abrir el alma, confiado, sin temor a ser juzgado, para descargar tus tribulaciones, desprenderte de tus fantasmas y compartir tu felicidad. A los Torres Moncada solo puedo decirles que los quiero infinitamente, que ellos forman parte de mi esencia.

## *Maguila*

Tiempo después en Los Ángeles, California, conecté con un hombre que en mi vida tiene un lugar muy especial. Ya les digo, a pesar de tantos problemas siempre he sido afortunado en amigos. Su nombre es Roberto Martínez, pero se le conoce como *Maguila*. *Maguila* era un gran amigo de infancia de mi padre, de cuando ambos eran músicos en Managua, y tenía en Estados Unidos un grupo que tocaba en fiestas y bares. *Maguila* sabía que yo era músico y que necesitaba trabajar, porque casi vivía en la calle. Su presencia me llegó en un momento delicado, y su apoyo definitivamente me salvó.

Ya estaba a punto de *tirar la toalla*, con ese cansancio que da la lucha, con la cruda realidad que es el no tener dinero, ni dónde vivir, y con un carro hecho chatarra. Sientes que caminas en falso, que los pasos no adelantan, sino que se quedan en el mismo lugar, como si estuvieras en un limbo, en una arena movediza que te va tragando. En momentos así te arropa la tentación de rendirte. Se te aparece como un diablillo que se acomoda en tu oído para hincarte y desesperarte. Uno no se explica por qué le toca ese tipo de vida, por qué tanto dolor, tanto sufrimiento. Esa vida sin papeles, sin el reconocimiento oficial de tus derechos, es demasiado intensa, y amenaza tus ganas de salir hacia adelante.

*Maguila* fue una bendición en mi vida. Asumió un rol paternal que me libró de caer al abismo de la desesperanza. Yo era un chico sano, sin vicios, lo mío era —como hasta hoy— la música, pero sentía que la vida se me colaba entre los dedos, que no había de dónde sostenerme, que estaba a la deriva haciendo paradas cortas en cualquier casa en la que pudiera comer algo, bañarme y seguir. Estaba cansado.

*Maguila*, su esposa y sus hijos me quisieron con un amor sincero, me abrazaron dentro de su familia y me acogieron en su casa, un hogar humilde en el que me dieron, a borbotones, cariño, apoyo y dirección espiritual a manera de consejo. *Maguila* era el administrador —el *súper* le dicen en Estados Unidos— de un edificio viejo de apartamentos del gobierno para personas de escasos recursos, y me ubicó en uno de ellos. Era un lugar extremadamente modesto, pero no tenía que pagar renta, lo cual me resultaba fantástico. Me acomodó en un apartamento en el segundo piso, al que le faltaba una ventana, y con un colchón que tenía la mitad de los resortes al descubierto. Ahí dormía contento y agradecido, porque el ambiente de aquella familia era mágico. Mientras tanto, seguía tocando con su grupo en fiestas y clubes, lo que me permitía continuar con la percusión y ganar un poco de dinero.

Pasé varios meses con *Maguila*, al resguardo de su apoyo, atesorando esos consejos que me motivaban a seguir hacia adelante.

## Reunión frustrada

Estando con ellos, mi tía Inverna me avisó que mi madre había regresado y quería verme. Me sentía decepcionado de ella, herido, cansado del hoy sí y mañana no, de la promesa siempre incumplida que todo cambiaría. *Matún* también regresó de Nicaragua e hicimos el último intento de vivir juntos los tres. Poco nos duró. No tardamos en darnos cuenta que ella seguía igual, incluso que la situación iba empeorando. Un poco más grandecitos, con una mentalidad cincelada por las experiencias amargas, pudimos identificar su problema, estar claros de lo que era y representaba su condición.

*Matún* se enamoró, comenzó a relacionarse con quien fue su primera esposa y, por ende, a independizarse. Su norte era tener una familia, así que se casó y se mudó, como era natural. Mientras tanto, yo seguí viviendo con mi madre. No quería, no quería, no quería. Pero el destino me hizo una jugada bastante cruel, porque viviendo con *Maguila* adquirí una infección renal horrible que reveló que un riñón me estaba fallando. Era imprescindible estarme quieto en un mismo lugar, tomar antibióticos, medicarme, curarme, así que no quedó otra opción que quedarme con mi mamá para que me cuidara. Por primera vez estaba solo con ella.

Desgraciadamente, la convivencia no funcionó. Mi madre volvió a sus andanzas y todo se fue poniendo peor a un nivel bastante sensible por sus problemas de adicción. El intento de vivir como familia fue fallido, mi madre había perdido todo control.

## Mi llegada a Miami

En 1983, por obra y gracia de Dios —quien de una manera u otra me va llevando de la mano—, me surgió la oportunidad de irme a San Francisco, California, para trabajar en una orquesta en la que había músicos nicaragüenses. Estuve con ellos unos tres o cuatro meses, con la energía recargada, porque si algo tiene la música es que te estremece y te renueva. Fueron meses de aprendizaje. Como percusionista fue sensacional, porque obtuve la experiencia que necesitaba para sentirme más cómodo, más seguro en medio de un grupo.

Un año después me propusieron viajar a Miami, Florida, con una orquesta de charanga que era bastante conocida. En Miami tenía una tía política, hermana de mi abuela materna.

Se llamaba Aurora Marina Baca, y a ella acudí para que me ayudara con techo y comida en esa ciudad que para mí era totalmente desconocida. La tía Aurora, su esposo y sus hijos fueron maravillosos conmigo. Era un hogar muy alegre y el marido de mi tía, Aurelio Herrera, era un cubano simpático y dicharachero que se la pasaba haciendo chistes. En la casa vivían junto a sus cuatro hijos y yo pasé a ocupar el lugar de mi primo Sergio, que estaba sirviendo en el ejército.

En Miami, *la Ciudad del Sol*, comencé la búsqueda de mi espacio en la música. Era una cuestión difícil, porque la banda con la que viajé no tuvo el éxito esperado. Pero, bueno, ya estaba allí, así que emprendí marcha hacia los clubes, hacia los lugares donde podía tocar y hacer algo de plata. Aunque los tíos nunca me exigieron nada, yo quería ganar para aportar algo a los gastos de esa casa en la que viví todo un año.

La vida del músico es bastante interrumpida. A veces hay chamba, otras pasas meses sin nada. Busqué un trabajo alterno en un lugar de renta de artículos para fiestas, de esos en los que te alquilan de todo para tu actividad y en el que comencé a hacer el *delivery* —la entrega en camión— de sillas, mesas y otras cosas que rentaban. Trabajaba durante el día y tocaba en las noches.

Hoy lo cuento y me asusto, porque me la jugué fría. No tenía papeles, no tenía licencia, no tenía permiso de trabajo, manejaba aquel camión rezando para que nadie se diera cuenta de mi estatus de indocumentado y, especialmente para que la Policía no me detuviera. El dueño, a sabiendas de mi situación, me pagaba por debajo de la cantidad que se suponía, una bobería de pago, pero, a fin de cuentas, para mi necesidad era algo.

Una tarde en el almacén estaba colocando unas mesas altas contra la pared y una de ellas se me vino encima. Me tumbó al suelo y me dio un golpetazo terrible en la cabeza. Me levanté medio mareado y decidí que aquello no era para mí. ¡Al carajo! Renuncié mientras escuchaba la sentencia a toda boca del dueño del establecimiento:

—Oye, la musiquita esa no te va a servir para nada, tranquilo que vas a tener que seguir trabajando, porque no vas para ningún lado.

Confieso que alguna vez, ya bendecido por el éxito, pensé en mis adentros en aquel hombre y rogué al cielo que desde donde se encontrara me reconociera en alguna radio, o me estuviera viendo en algún evento.

Conocí a dos hermanos de un grupo cubano llamado Ágape. Ellos me hablaron de la iglesia Divina Providencia en la que un sacerdote estaba ayudando a los nicaragüenses a tramitar sus papeles. Veloz me fui a la iglesia y le expliqué mi situación al cura, quien prometió ayudarme. Por fin veía una pequeña luz en el camino de mi estatus migratorio en Estados Unidos, un rayito de esperanza tangible. Para mi dicha, en ese momento surgió la enmienda del presidente Ronald Reagan, que dictaba que los llegados a Estados Unidos antes de la década de los ochenta podíamos acogernos a esa amnistía y recibir asilo político. ¡Bendito sea Dios!

# Primeros pasos como solista en la salsa

Yo me abría paso como músico. Participé del primer disco de Sensación '85 y grabé las canciones, *Soledad* y *Recordando*, ambas de mi autoría. Por primera vez canté salsa, género que escuchaba y apreciaba desde mi niñez en Nicaragua. Hasta entonces había cantado coros, tocaba percusión, pero jamás había grabado como cantante. La experiencia me impactó; esa primera vez en el estudio es impresionante, te activa todas las neuronas, hace que tu sangre vibre, el corazón se quiere salir del pecho tan pronto se da el encuentro con ese espacio acústico y ese micro.

Me inicié cantando salsa sin saber que ese ritmo sería el detonante de una pasión que hasta el momento se ha mantenido encendida. Comencé a conectarme, a conocer colegas, como Carlos Oliva, el gran Néstor Torres y uno de mis mejores amigos, Camilo Valencia.

La orquesta Versalles no tenía quien tocara las tumbadoras. Yo venía tocando bongó y haciendo coro. Entonces llegó desde Washington, y por pura casualidad, el músico Rafael Solano, que estaba de visita en la ciudad para visitar a su mamá. *Rafa* audiciona, se queda, y comienza entre nosotros una grande y larga amistad. La música me llevó a conocer a dos amigos extraordinarios, gente de mi alma, hermanos de mi corazón, *Rafa* y Camilo.

La vida me sonreía. Me había marchado de la casa de la tía abuela y estaba por ahí, dando bandazos de casa en casa, pero era feliz, porque de alguna manera me sentía realizado, o por lo menos que me iba realizando. En esa vida sin papeles, repentinamente había un halo de esperanza y la profunda satisfacción de desarrollarme en lo que tanto amaba. Tocando con Sensación '85 se me acercó un muchacho sonidista, para avisarme que había una gente que estaba buscando un cantante de salsa para interpretar un tema en su disco. Él les había hablado de mí y quería saber si me interesaba. Fue así como conocí a Álex Cobos y Frank Miret, los causantes de que tenga una carrera discográfica.

Eran dos tipos puestos para lo suyo y prestos a abrirse camino en la industria disquera. Su grupo se llamaba Clockwork y se especializaba en música Top 40 cantando en clubes. Recuerdo nuestro primer encuentro como si fuera hoy. Me pidieron que cantara algo y luego me pusieron una pista para que cantara un determinado tema. Se quedaron bastante asombrados cuando les dije que la canción estaba mal, que estaba fuera de clave. Finalmente me propusieron grabar yo solo un tema que se titula *La mentira*, que más tarde integró el primer disco que grabé en Miami en 1987.

Me vi sumido en el lenguaje de la industria discográfica, estudios, demos, referencias, un poco perdido en ese modo de expresarse que caracteriza ese mundo aparte y paralelo al de los músicos instrumentistas. Era lógico sentir un poco de temor, pero todo se aplacaba al escuchar la primera nota, ese sonido vigorizante que te sacude desde los pies hasta el alma.

Grandes nombres destacaban en el panorama del ritmo tropical. Frankie Ruiz, Eddie Santiago y Lalo Rodríguez protagonizaban un movimiento de salsa romántica de letra fuerte en Puerto Rico, que era el mercado por excelencia que exportaba esa música al resto del mundo. Alex y Frank no se detuvieron en el panorama del micro, sino que vieron el macro, visualizaron en grande. Pensaban en que podían *dar un palo* conmigo y venderle el proyecto a una disquera.

Tardamos como un año en grabar un demo. Había que reclutar músicos, estudio, todo lo necesario. En esa época se grababa de verdad, sin las ayuditas que hoy nos pone en la mano la tecnología. Me llevaron a una empresa discográfica venezolana que se llamaba Sonotone, cuyo presidente era Oscar Llord. Este expresó una opinión positiva sobre mi talento y mi apariencia, pero entendía que debía grabar una música que no fuera romántica, sino que siguiera el estilo de la salsa erótica que estaba pegando fuerte. Me opuse, no por puritanismo, sino porque no me llamaba la atención, no era lo mío.

El director de la división de A & R (Artistas y Repertorio) de esa compañía, era Ángel Carrasco, quien se interesó muchísimo, pero entonces no tenía la facultad de firmar contrato con ningún artista sin autorización de la plana mayor de ejecutivos. Carrasco se fue de Sonotone a CBS (que luego se conoció como Sony Discos), y entre sus bártulos se llevó mi demo y mi foto. Meses después de estar en su nueva plaza en CBS, llamó a Alex y le pregunto por mí. Así fue como conocí a Ángel Carrasco y firmé mi primer contrato disquero con CBS.

Podrán imaginarse cómo me sentí. Es más, hasta el día de hoy lo cuento y me emociono. Seguía tocando con muchos grupos, sobre todo jazz con Néstor Torres, y vivía con una novia puertorriqueña. Al romper con ella, el tecladista de Néstor, que era norteamericano, me rentó un cuarto.

El grupo de Néstor tocaba en un club al que asistían los amantes del jazz con toque latino. Todos los lunes llegaba una pareja de estadounidenses a escucharnos. Se sentaban siempre en la misma mesa, eran lo que se conoce como fijos del lugar. Era una pareja adulta, amantes del jazz, que gustaba de la música que hacíamos. De lunes en lunes nos fuimos tomando confianza hasta que entablamos conversación y se desató un trato bastante familiar.

Aquella señora platicaba muchísimo conmigo, le echaba flores a mi talento. Me fue conociendo y, con el tiempo, al saber mi historia, me ofreció vivir con ellos. Su esposo era médico quiropráctico, un señor muy bueno y amable. Ella tenía una condición del pulmón que la obligaba a ir conectada a un tanque de oxígeno. Mientras viví en su casa se fue forjando mi primer disco, grabé el tema *No te quites la ropa* —del español Juan Carlos Calderón— y comencé a realizar trabajo promocional de la mano de otro ejecutivo importante, George Zamora.

Mi primer disco se llamó *Amor de medianoche*. El segundo, *Amor y alegría*, incluyó éxitos hasta ahora muy recordados, que se han convertido en clásicos de mi carrera, como *Desesperado, Tú no le amas, le temes* y *Compréndelo*. Lo grabé en el lugar que se convirtió en mi segunda casa: Puerto Rico.

# 7
# Amor y alegría en Puerto Rico

*Amor y alegría*
*es lo más hermoso de esta vida.*
*Si este mundo está al revés,*
*olvidemos cómo es,*
*lo importante es no perder la fe.*

**De** *Amor y Alegría*, **del álbum Amor y Alegría**

El sol estaba encendido, se sentía picante, te quemaba la piel, que ya iba mojada por la humedad pegajosa que provoca el intenso calor del Caribe. Estaba muerto de miedo, con las tripas hechas un nudo y apostado en un rincón del improvisado *backstage* de la tarima, colocada sobre la arena de la playa del área de Isla Verde, en Carolina, Puerto Rico, donde se celebraba un festival playero de la emisora Z-93, especializada en música del género tropical.

Miles de almas permanecían estoicas bajo el sol y de pie frente a ese escenario por el que desfilaban importantes orquestas y grandes nombres de la salsa. Aquella era mi prueba de fuego y me estaban devorando los nervios. Eso de las mariposas que se sienten en el estómago es cierto, el revoloteo era inevitable. Entre tantas estrellas de la salsa estaba ese muchachito nicaragüense, delgadito, que llevaba aretes en las orejas, con el cabello recogido en una colita y su música romántica, a punto de enfrentarse a una multitud de fanáticos de la salsa dura, los *cocolos* —término que se refiere a los súper fans de la salsa—los de la mata. El público era conocedor y experto.

Pedro Arroyo, el programador de la emisora, que desde el principio vio algo en mí y me apoyó, se me quedó mirando con una sonrisa de labio cerrado, de esas que van mezcladas con sentimiento de pena. Estaba, como siempre, ubicado en ese lugar tras bastidores desde donde despega toda la acción.

—Tranquilo, *brother*, tú dale *pa'lante* que estás *pegao*— me dijo.

Tenía un trago en la mano, se lo quité y me lo bebí de un sorbo, lo que se dice de sopetón. No tomaba alcohol, pero en ese momento sentí la necesidad de, por lo menos, intentar adormecer el miedo. Subí al escenario, comencé a tocar, a cantar y a bailotear frente a miles de miradas inquisidoras que cuestionaban quién era. Sí, estaba pegadísimo en la radio, mi música se escuchaba, pero era la primera vez que me presentaba en vivo y a todo color frente a un público sabio, conocedor y experto en materia salsera. Entonces, sin pensarlo ni premeditarlo, me di vuelta hacia la orquesta, me quité la camiseta, que estaba empapada de sudor, y que dejó al descubierto mi torso raquítico. ¡Válgame Dios! Agarré los palillos del timbal, me descargué sobre los cueros cómodamente y sin temor —la percusión era lo mío— y me deslicé hacia el bongó, para poco después moverme y finalizar aquella improvisada interpretación en las tumbadoras.

La reacción del público fue inmediata y estruendosa, se volvieron locos. No era usual ver a un cantante de salsa jovencito paseándose por los instrumentos de percusión. Jamás olvidaré el sonido del aplauso y el griterío con el que me demostraron su aprobación, con el que validaron mi presencia en aquel evento y en la industria de la música tropical. Hasta la gente de mi discográfica Sony se quedó perpleja. Supongo que a pesar de recibirme entre su catálogo de artistas no estaban seguros de mis posibilidades, y mucho menos de mi potencial.

No era lo mismo escucharme en una grabación que verme ahí, en vivo, en ese tiempo real en el que no hay espacio para inventos o mentiras. Además, yo era un salsero diferente. Nica, blanco, de cabello largo, y con un estilo de vestir que rompía el esquema de los demás. El atractivo de mi carrera, lo que llamaba la atención, era que soy músico de corazón, que escribo mis temas, que produzco, que lo mismo le meto a la salsa que al World Music y hasta a la onda trovadora de cantautor. Soy músico antes que cantante, eso me queda clarísimo. Tantas facetas en una sola persona, en aquellos tiempos y en ese género, causaban asombro e impresión.

María Cristina Ruiz, una ejecutiva de la radio en Miami, me había bautizado como *El Príncipe de la Salsa*, así que para colmo irrumpía en el mercado acompañado de un título. La utilización de «motes» era un gancho de promoción.

—José José *es el Príncipe de la Canción*, pero tú eres *el de la salsa*— me dijo una vez al visitarla.

Siguió llamándome *El Príncipe de la Salsa* y repitiéndolo hasta que se convirtió en mi título. A mí me resultaba extraño, tan largo, tan ajeno a mi aspiración de simple y sencillamente ser músico, pero, bueno, entendía que era parte de la dinámica para introducir un artista nuevo.

## *Gracias Puerto Rico*

El aplauso de los fanáticos de Puerto Rico catapultó mi carrera. La bendición de ese pueblo fue el detonante para lanzarme con éxito hacia otros mercados, incluyendo los Estados Unidos, donde radicaba, pero era un artista desconocido. La isla fue decisiva en mi oportunidad para una mejor vida, y pisar suelo borincano me regaló algo totalmente inesperado: un parecido con mi país que me hacía sentir en casa. Puerto Rico es una tierra maravillosa, cuyos paisajes de mares, campos y montañas me transportaban a Nicaragua. Me sentía estar entre los colores, olores y sabores de mi patria. Percibía familiaridad con ella, con su gente. Ya no estaba preso de otro idioma y respiraba un aire que me acercaba un tanto a mis raíces.

En Puerto Rico viví seis años y he cultivado grandes afectos y respetos. En la isla tengo gente muy cercana a mi corazón, personas que han sido fundamentales en mi desarrollo como artista y como ser humano, que me han abierto puertas, que le han dado espacio a mi trabajo, que han llevado el pan a mi mesa y que, sobre todo, me dieron, sin saberlo, una experiencia refrescante y alentadora, que fue como un bálsamo a todo lo que hasta entonces había vivido. En la isla conocí hace veinticinco años a quien desde entonces ha sido mi mejor amiga, Uka Green. Ella, Rafael Solano y Camilo Valencia han sido un trío de cómplices de mi vida personal que me acompañan en los momentos buenos, y especialmente en los malos.

Es curioso, pero en la isla también nació mi relación con mi compadre, Omar Alfanno. Habíamos coincidido en un estudio en Miami, él en la cabina grabando un tema y yo de visita, pero ya encaminado con mi primera producción. Me cuenta el compadre, con su memoria envidiable, que nada más verme en esa ocasión preguntó quién era; le explicaron más o menos y el instinto le dijo que sería una estrella. Pero, por supuesto, no me lo dijo. En Puerto Rico nos reencontramos y comenzó una familiaridad que ya tiene años. Omar es una estrella de la letra y he tenido la fortuna de interpretar muchas de sus canciones, especialmente dos que le dieron sentido social a mi carrera: *Así es la vida* y *Date un chance*.

Mi historia con Puerto Rico comenzó cuando el ejecutivo discográfico Ángel Carrasco me explicó que era imprescindible grabar en la isla, respirar lo que allí pasaba en términos de la música de salsa, vivir el movimiento que se estaba generando para poder producir un disco que pudiera competir y lograr buenos resultados en el mercado. Era importantísimo conocer y sentir de primera mano el sonido, la estructura, lo que se estaba haciendo en ese punto del Caribe en el que habitan extraordinarios instrumentistas y cantantes.

Nunca pensé que viviría en Puerto Rico, ni siquiera cuando en mi infancia me saboreaba los sonidos que llegaban hasta Nicaragua a través de Celia Cruz, Rubén Blades, y otros grandes exponentes que sin saberlo sembraron en mis adentros el amor por ese ritmo candente, contagioso, inigualable. Acepté el reto que representaba comenzar de nuevo y desde cero. Era como enfrentarme a un lienzo en blanco para llenarlo. Me atacaron las preguntas lógicas: dónde vivir, con qué comer, cómo sobrevivir. Afortunadamente, la disquera se hizo cargo de la estadía y me prometieron darme 350 dólares mensuales para mis gastos de comida.

Otra vez sin papeles, me lancé a la aventura, llegué para grabar la producción *Amor y alegría*. Conocí a *Cuto* Soto, que era el productor más *pegado* del momento, y le pedí que integrara a músicos que admiraba, como Jerry Medina, Eric Figueroa, *Chago* Martínez y a muchos otros, en fin, a los duros que conocía a distancia a través de su trabajo. Los nervios eran inevitables. Yo era un chamaquito y ellos unos monstruos. Yo era el aprendiz.

Recuerdo como si fuera hoy cuando entré a Ochoa Recordings, un estudio de grabaciones ubicado en la zona de Hato Rey. Ochoa tenía un olor a madera intenso, agradable, que todo el que haya grabado ahí, en el inmenso Estudio A, sin duda lo lleva en el recuerdo. Estar allí te daba una sensación espectacular. Al fin, después de tantos episodios amargos y de tanto esfuerzo, estaba dando un paso de gigante al grabar un producto que pudiera competir.

Me quedé varios días en la isla para grabar la voz, porque las sesiones de grabación se dan en camadas, y primero van los instrumentos. En ese momento mi voz no tenía identidad, no acertaba a identificarme con lo que escuchaba por los audífonos. Yo era músico, no cantante, que es muy distinto, así que tuve que atravesar una etapa de adaptación con mi voz. No me encontraba, no me gustaba cómo sonaba; es más, lo detestaba, como que no terminaba de reconocerme en esa voz que salía de mi garganta y se me regresaba a los oídos.

De hecho, con el tiempo y durante muchos discos busqué y busqué mi estilo, hasta que obviamente lo encontré. Pero en ese momento estaba confiado en que teníamos un gran disco en las manos, un producto comercial con grandes canciones. Había temas míos, lo que me emocionaba, y también baladas de otros compositores, que con mucho cuidado y respeto versionábamos en salsa.

Un disco es un proyecto en el que se te va la vida, en el que te sumerges sin medida, porque es necesario concentrarte en cada uno de los múltiples detalles. Una vez finalizado, no hay marcha atrás, así que el proceso hacia ese nacimiento requiere toda tu alma, tu espíritu y cada una de las neuronas que llevas por dentro.

Al terminar *Amor y alegría* me sentí extremadamente feliz, estaba contento con el resultado y más que agradecido por esa oportunidad que al fin me estaba dando la vida y que tendría efecto en mi destino. Además, grabarlo conllevó un poquito de miedo, de ese nerviecillo incómodo que te ataca cuando haces algo sin permiso, pero convencido que tendrá un gran final. Había viajado a la isla indocumentado, ilegal. Mis papeles todavía estaban en curso en aquella iglesia en Miami en la que me estaban ayudando —y a muchos ilegales— a tramitar todo el proceso de mi validación en territorio norteamericano.

## Sin papeles, pero con Dios

En aquel entonces no había que llegar temprano a los aeropuertos para viajar. No como ahora, que requieren dos o tres horas, dependiendo del vuelo. Los controles de seguridad no eran los que tenemos ahora debido a las situaciones de riesgo que todos conocemos. No obstante, sentía mucho miedo al dejar Puerto Rico y regresar a Miami, porque tenía que pasar, sin tener identificación alguna, por los guardias que estaban apostados en dos escritorios ubicados en el *check point*.

La ausencia de mis papeles me obligaba a andar por la vida como infiltrado, sin licencia, sin tarjeta de Seguro Social, con un pasaporte nicaragüense viejísimo, que presentaba una foto gastada de cuando era chiquillo. Llegué al Aeropuerto Luis Muñoz Marín tres horas antes del vuelo y me senté en una esquina, en el piso, otra vez muerto de ese miedo que se había convertido en mi compañero en tantos instantes.

Estaba consciente que si me pedían identificación me iba a joder. Anclado en el suelo, comencé a pedirle a Dios que no me abandonara, le decía que, si me había permitido llegar a Puerto Rico, que no me dejara en este momento del regreso, que estaba viviendo el *chance* de mi vida, y él más que nadie lo sabía. Rogué con una fe estremecedora. Caminé como en cámara lenta por ese pasillo en el que había un escritorio y un oficial a cada lado para darte acceso al *gate*, el pasillo que conducía hasta el avión. Rezaba y rezaba. El oficial que me tocó era boricua, pero aun así me habló en inglés, idioma que ya manejaba bastante bien. Me preguntó mi nombre. Luis Mejía, le contesté, mientras en mi interior ya no pedía, sino que le gritaba a Dios que no me desamparara. Fue milagroso, el oficial me dejó pasar sin reparar en mi estatus ilegal.

Puede parecer extraño, pero mi relación con Dios no quedó empañada por la experiencia aterradora con monseñor. Me crie en el seno de una familia católica centroamericana, pero desde pequeño reconocí que una cosa era la religión y otra era Dios. Así que estaba claro que las acciones virulentas de aquel cura tío abuelo nada tenían que ver con esa presencia suprema que de una u otra manera se hacía presente en mi vida y me sostenía. Suena a cliché, pero lo cierto es que siempre pensé que había una luz al final del sendero de piedras y que esa claridad era la que me mantenía positivo, aun cuando hubiera tenido pleno derecho y justificación de pensar negativo.

Aliviar mis carencias pudo haber sido fácil si hubiera aceptado tomar el camino del mal. Estuve expuesto a cosas terribles, sin embargo, me decidí por un camino más largo, más duro, más interrumpido, que al final sería mejor. Aprendí a vivir centrado en el día a día. Al levantarme cada mañana me concentraba en lo que tenía que hacer durante el día. Nunca miré más allá porque el futuro me parecía una cosa muy distante, una escena como de película. De ahí que nunca he planificado nada, todo lo que tengo y lo que me ha pasado ha sido consecuencia de cada decisión que he tomado al momento.

Mi fe en Dios es parte de eso, no sé cómo explicarlo, pero sentía que estaba conectado con algo muy fuerte, muy grande, que me llevaba hacia el siguiente paso. A eso le atribuyo tantos ángeles que fueron apareciendo de la nada, llegando para echarme una mano, darme techo y comida. Dentro de las situaciones más escabrosas, Dios siempre me protegió, en esto estoy muy claro.

## Amor y alegría en Miami

Regresé a Miami con el álbum *Amor y alegría* en la mano. La compañía de discos no tenía muy claro qué hacer con ese proyecto, especialmente porque el primer disco que grabé pasó bastante inadvertido. Sabían y reconocían que tenía talento y que podían hacer un poco de bulla y vender unos cuantos discos. Pero así es la vida, así de irónica, *Amor y alegría* fue el palo, el *boom*.

Ángel Carrasco apostó por mí, a él se unió el también ejecutivo disquero George Zamora y entre los dos me impulsaron. En esa época también conocí a Diana Álvarez, quien fue importante en mi carrera, y con quien entablé una hermosa amistad que ha durado muchos años. Diana en principio era asistente de Carrasco y poco a poco fue ascendiendo en Sony Discos hasta ocupar puestos como ejecutiva. Ella tuvo una fe ciega en mí y trabajó con afán por mi desarrollo. En el trayecto se convirtió en mi amiga, mi confidente, en esa persona que está presente para escucharte y aconsejarte.

Las discográficas les llevan a los programadores de las emisoras radiofónicas las producciones de sus artistas, con la esperanza que las coloquen dentro de su programación. Es una labor titánica en la que tienen que convencer a estos señores que su producto es de calidad y, como tal, merece ser escuchado mediante alta difusión. Fue así como le llevaron mi disco a Pedro Arroyo, quien curiosamente había tocado uno de los temas de mi primer álbum, *No te quites la ropa*, que al mismo tiempo estaba sonando en voz del colega Pedro Conga. Pedro Arroyo me apoyó y en ese esfuerzo apareció también Junior Soto, de la Cadena Salsoul, propiedad de Uno Radio Group, a quien de inmediato le gustó, aprobó mi trabajo y le asignó espacio.

Pedro y Junior fueron fundamentales en mi carrera. Con ellos tuve grandes diferencias en muchísimas ocasiones, pero siempre me apoyaban, y yo les respetaba porque era gente que creía en la música, principalmente en su desarrollo y evolución. Junior, que era un personaje de carácter fuerte y vivaracho, siempre me dijo que yo estaba adelantado, que era diferente. Al final del día ni él ni Pedro tenían por qué apoyarme, eran cientos y cientos de temas los que les llegaban, pero me respaldaron incondicionalmente y siempre les agradeceré por ello.

En esa época llegó a mi vida Ricardo Correoso. Era compadre de Zamora y se había ido de A&M Records. Zamora le sugirió a Ricky representarme, con la promesa y garantía que la discográfica nos apoyaría. Fue así como tuve mi primer *manager*, un hombre excelente en el que podía confiar, que tenía experiencia, visión en la música latina. Ricky venía del mundo del pop, pero pronto nos convertimos en una fantástica dupleta de trabajo que, paso a paso, fue conquistando el mercado. Se convirtió además en mi familia, en una figura paternal que me ayudaba a analizar, a intentar hacerlo todo bien, a tener —más allá de la esencia musical— apertura para los negocios.

Él le dio rienda suelta a los proyectos que revoloteaban en mi mente y que para entonces eran totalmente diferentes de lo que se estilaba. Sin duda alguna, fuimos bastante atrevidos. En lo único en que Ricky y yo chocábamos era en que él se inclinaba hacia lo que estaba pasando, hacia el molde, y yo a desarrollar un estilo propio, sin importar lo que estuviera sucediendo. Permanecimos cinco años juntos, creo que fui el único artista del que fue *manager*, y le dimos duro, muy duro, porque era hipertrabajador y echado *pa'lante*.

Ricky Correoso estaba radicado en Miami y decidió contratar en la isla a Víctor Diez de Andino, quien recién se despegaba de una empresa de contrataciones en la que trabajaba junto a Edgardo Barreto y Jimmy Sánchez. Víctor se unió al equipo como *booking manager* para Puerto Rico, o sea, la persona encargada de generar la venta de *shows* y llevar la agenda de contratos y compromisos.

Víctor era un hombre estupendo, simpático y familiar, que me tomó un cariño de hijo y me abrió las puertas de su hogar. Su esposa Lourdes y sus hijos Junior, Angelito y Ned me recibieron como uno más de la familia. Era gente con la que tenía una relación de familia; allí comía, vacilaba y me pasaba horas jugando Atari, el primer aparato de videojuegos que nos mantenía a sus hijos y a mí embelesados frente a una pequeña pantalla.

*Amor y alegría* ha sido el disco más importante de mi vida y fue el causante que me mudara a Puerto Rico. En la mudanza a la isla me acompañó el amigo y colega salsero *Pupy* Santiago, con quien cantaba en el grupo Salsa Latina, y quien se aventuró conmigo sin conocer a nadie, amparados en la promesa de apoyo de la casa disquera. Sony me alquiló un apartamento pequeñito en el edificio ESJ Tower, en Isla Verde, desde donde me desplazaba para la promoción que se hacía en radio, prensa y televisión.

Con ese primer álbum comencé a aprender a distinguir las intenciones de la gente. No todo es miel sobre hojuelas, es lógico toparse con gente buena y con gente mala también. Y se supone, repito, se supone, que tus padres y tu familia te vayan orientando en cada paso de esa primera experiencia de trabajo. Pero yo seguía desprotegido, por lo que me tocó ir aprendiendo a cantazo y de oído.

El disco gustó tanto que la radio tocó todos los temas. El único que no reconocía el éxito era yo. Creo que me pasaba por el lado, pero no me daba cuenta. Una tarde, caminando con *Pupy* por la avenida Isla Verde, que es un sector muy transitado y en el que hay muchísimos comercios y hoteles, escuchamos a todo volumen el tema *Desesperado*. Al mirar nos percatamos que era un joven *cocolo* en su carro con el disco súper alto y cantando a boca de jarro. Ahí fue cuando caí en cuenta que estaba sonando fuerte y constante y, no faltaba más, el corazón me dio un brinco y el instinto me aseguró que mi proyecto iba a funcionar.

En aquellos tiempos, cuando no existían las redes sociales, ni siquiera los teléfonos celulares, el eco del éxito en Puerto Rico comenzó a regarse allende los mares y me llevó hacia muchos mercados, entre ellos la ciudad de Nueva York, donde realicé mi primera gira de la mano del gran Héctor Maisonave, un agente de contrataciones muy experimentado. Maisonave armó una gira de treinta *shows* en treinta días, entre los meses de febrero y marzo, bajo nevadas y un frío que cortaba, y con la brújula del cuerpo extraviada entre aquel enredo de avenidas y calles nuevas para mí.

Haber tocado tanto en la isla me preparó para el escenario, me dio experiencia, valor, como un fogueo intenso que sería indispensable para lo que se me venía encima. Pero, quizás, lo más importante de ese tramo en términos profesionales fue mi presentación junto al querido Gilberto Santa

Rosa en el escenario más importante: el Centro de Bellas Artes Luis A. Ferré.

Sin temor a equivocarme, puedo afirmar que Gilberto y yo fuimos unos solemnes atrevidos. Ningún artista del género tropical había pisado ese templo en el que se presentaban conocidas figuras de nombre y carrera internacional e importantes piezas de teatro. Ese concierto protagonizado por ambos tiró al suelo la percepción que la salsa era exclusiva de las plazas públicas, de los eventos de pueblo, que no tenía otra salida que no fuera permanecer atada a las tarimas de los municipios. Igualmente revolucionó la idea que a ese tipo de recinto solamente acudía un público de clase social alta, porque logramos que se abrieran las puertas sin límites de estratos sociales y que por encima de cualquier consideración social prevaleciera el gusto por la música popular.

Tan pronto subió ese telón negro y pesado, demostramos que podíamos darle alas a la música, que hacíamos de una manera más concertista, más elegante, con esa magia que tiene interpretar y ser escuchado en un teatro. Gilberto y yo, sin proponérnoslo, hicimos historia y le cambiamos el curso a la salsa plantándola en lo más alto.

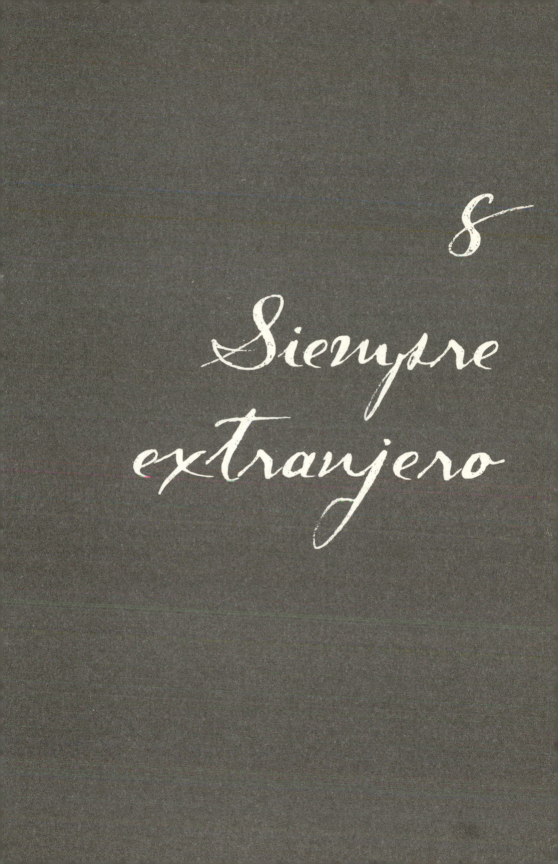

8

Siempre
extranjero

*Desde los quince años soy el extranjero,*
*no soy de aquí ni soy de allá.*

*[…]*

*Por donde voy llevo mi patria,*
*viva donde viva, yo me siento en casa.*

**De** *Autobiografía,* **del álbum Ciclos**

espués de Puerto Rico todo comenzó a fluir. El destino tenía planificado que esa islita del centro del Caribe se convirtiera en mi casa, en el punto de inicio de los logros que he cosechado en treinta años de carrera. Puerto Rico era y es un mercado sumamente importante para todo aquel que aspira a desempeñarse en la música, porque te daba, y aún te da, la oportunidad de probarte y despegar hacia otras plazas, especialmente hacia el este de Estados Unidos, donde viven cientos de miles de latinos ansiosos por escuchar los ritmos que les mantenían conectados a sus raíces. La isla producía talentos impresionantes, tanto a nivel de voces como de instrumentistas, todos de alto calibre, con esa sangre caliente y esa naturalidad tan orgánica que les permite pasearse de un género a otro sin ningún grado de dificultad.

En la isla comencé por fin a generar plata, a valerme por mí mismo en el área de las finanzas. Acostumbrado a vivir con muy poco, y durante muchos años no tener nada, me sentía fantástico al comenzar a ingresar dinero. No era mucho lo que ganaba, pero, viniendo de la carencia y la escasez, la plata que generaba era para mí un tesoro y tuve que aprender a manejarlo. Así mismo tuve que crecer en el aspecto personal para lograr tener estabilidad emocional. Llevaba una gran responsabilidad sobre mis hombros, me estaba jugando mi carrera, así que tenía que ser firme con los compromisos que me imponía la disquera, especialmente con aquellos que tenían que ver con el contacto directo con el público.

No hay una escuela que te enseñe los conocimientos necesarios para ser artista. Existen, sí, los institutos donde aprendes música y canto, pero la carrera se compone de mucho más, y eso no se enseña. Así que vas haciendo lo que entiendes que está bien, pero medio a ciegas en un terreno que te resulta completamente nuevo. Los artistas debemos aprender a establecer y mantener contacto con la gente, a contestar bien las entrevistas, a tomar buenas decisiones, a manejarnos en términos de modales, en fin, una serie de materias que llegan por *default* a la carrera.

En Puerto Rico tuve la fortuna de conectar con Gilberto Santa Rosa, Tony Vega, La Sonora Ponceña, El Gran Combo, lo que me brindó una increíble oportunidad de aprender, desarrollar y hacer progresar mi propuesta musical. Lo que es el destino…, estando en Los Ángeles escuchaba salsa y me imaginaba en la isla. Tenía amigos boricuas en L.A. y me hablaban sobre ese terruño que fue tan determinante en mi vida.

El letrero de extranjero que llevaba de forma invisible producía un ambiente un tanto complicado, porque, inevitablemente, muchos resentían el éxito de un artista de «afuera». Tomando en cuenta mi pasado, estaba habituado a esa mirada que auscultaba y hasta juzgaba mi progreso en un país que no era el mío. Pero, bueno, el cariño del público boricua fue tan fuerte que contrarrestó cualquier comentario negativo. Hubo momentos difíciles, pero ya estaba acostumbrado a lo que representa ser extranjero dondequiera que me paraba. No hacía caso, porque a los que caminamos por la vida con ese sello no nos queda otra que ignorar. Ignorar o jodernos.

Lo cierto es que llegué a sentirme puertorriqueño. Viví muchos años en la isla, me inserté, aprendí, recorrí sus 100 x 35 millas por trabajo y disfruté de su geografía y de su pueblo. Llegó un momento en el que no me acordaba de mi procedencia extranjera, no la tenía presente, hasta que me lo recordaba alguna voz de esas que van por ahí.

Mi apariencia física, mi gusto por la moda, y el hecho de verme más joven de la edad que tenía me permitió llegar a un público lejano a la salsa, un público joven y nuevo que quedó expuesto y enamorado de ese ritmo tan sabroso. Ocurrió algo muy curioso, según me explicaron los expertos: mi proyecto se introdujo en una clase social y académica que andaba muy inclinada hacia la música americana.

Tal parece que se identificaron con cómo lucía y cómo cantaba. Yo, encantado de compartir y presentarme ante ese público definido por la sociedad como de una clase social e intelectual más alta. Pero, mientras tanto, me curaba en El Balcón del Zumbador, una casita humilde en el camino de Piñones, donde además de vender las ricas frituras boricuas se formaban sendos rumbones con músicos de «la mata». Hasta allá llegábamos de madrugada sin miedo alguno a la oscuridad de ese trecho playero, para subir al techo viejo a chacharear y luego bajar para apretarnos en el espacio interior a tocar. Tocaba y cantaba el que llegara, fuera conocido o no.

Siempre me mantuve a la vanguardia de la música, no porque pretendiera ser más que nadie, sino porque tener el insumo de lo que pasaba en Centroamérica y en Estados Unidos les daba mayor profundidad a mis conocimientos; como es lógico, me sumaba. Las letras, los mensajes y la percusión me pintaban distinto al molde de salsero tradicional que se había establecido y creo que eso fue importante porque le abrió las puertas a una nueva generación que ya venía haciendo sus pininos y en camino.

Viví en la isla desde 1986 hasta 1994, época durante la cual grabé seis producciones discográficas. Estuve acompañado por grandes instrumentistas, orquestas estupendas, coristas maravillosos. Puerto Rico se convirtió en mi escuela, mi casa y mi segunda patria, por encima de Estados Unidos.

Hace poco leí algo que me impactó: *Hay una tremenda felicidad en inspirar a otros a pesar de nuestras propias luchas.* Y es cierto. Los logros que viví en esa islita maravillosa fueron el inicio de un sendero para otros. La música me inspiró tanto que fui venciendo todos los obstáculos que aparecían. Es curioso, la gente me veía sobre el escenario y jamás imaginaba la lucha intensa que llevaba por dentro. Entonces, así como la música me inspiró a mí, mi música inspiró a otros que, al escucharla, se identificaban sin conocer lo que yo atravesaba. Hace años tomé conciencia del impacto de mi trabajo en la vida y la obra de los demás. Quizás por eso soy muy cuidadoso con lo que hago, con los proyectos que emprendo. Quizás por eso no soy millonario, porque para mí ha sido más importante lo que representa en la historia musical tal o cual proyecto que el dinero que puede generar. Los principios, la transparencia y el mensaje nunca han sido negociables.

De los errores no hay vuelta atrás, no hay manera de borrarlos, así que hay que minimizar lo más que se pueda ese margen, andarse con cuidado, analizar y pensar de manera que en ese instante en el que miras hacia atrás en la suma y en la resta de lo que has hecho sea mayor la satisfacción. No se puede hacer música por hacer. Gracias a Dios, así me siento: agradecido y satisfecho.

# 9

# Del éxito al cambio

Mío, yo tengo un mundo mío,
de grandes desafíos,
de eterna evolución.
Raro, inmensamente humano,
de paz y sobresaltos,
extraño pero mío.

**De** *Mi mundo*, **del álbum Mi mundo**

*T*uve la dicha de ser uno de los primeros artistas exitosos de salsa, si no el primero, del sello CBS, que después se llamó Sony Discos. La discográfica era experta en promover y distribuir música americana y del género *pop* en el mundo hispano. Pero en la salsa digamos que fui la punta de lanza, que esa apuesta que hicieron por mi proyecto provocó que luego el sello dedicara gran parte de su esfuerzo y presupuesto a los artistas de ese género, lo que abrió brecha para intérpretes como Gilberto Santa Rosa, Jerry Rivera, Víctor Manuelle y otras tantas estrellas. El éxito siempre tiene una secuela positiva y, en nuestra industria, lo positivo que logra uno de nosotros es igualmente positivo para los demás. Vamos andando como en bandada, en colectivo.

En esos primeros años de carrera, sobre todo después del éxito de la producción discográfica titulada *Amor y alegría*, hice un disco que considero muy importante: *Mi mundo*. Este ya fue un disco más serio, trabajado con mayor conciencia y quizás más aterrizado en cuanto a qué tipo de repertorio deseaba llevar y mostrar al público. Lo produje junto a Eric Figueroa, que formó parte del álbum *Amor y alegría* en calidad de pianista. Desde entonces me llamaba la atención su universo musical y su capacidad de entender el rumbo que yo quería tomar como artista.

Para ese disco se filmó un primer video, que correspondía al sencillo titulado igual, *Mi mundo*. Fue dirigido y producido por el venezolano Abraham Pulido, quien igualmente venía del mundo *pop* y con una visión más cinematográfica. Eso me dio la posibilidad de que mi trabajo fuera una propuesta de corte más universal. No quería amarrarme solamente a ese espacio que ocupaba el público natural que tenía la salsa, al bailador, sino que abarcara otro segmento que, además de bailar, quisiera escuchar lo que la canción decía.

Mi corazón de músico y compositor intentaba encontrar un camino propio dentro de lo que en esa época se estilaba. Creo que trabajar en distintas áreas con profesionales que se desempeñaban en el género *pop* me fue muy beneficioso, porque esa combinación de perspectivas variadas, de corrientes diferentes, me facilitaba establecer el estilo que quería. Las fusiones de visiones y pensamientos siempre resultan; por lo menos, en mi caso así fue.

## El salto al plano internacional

*Mi mundo* me transportó al plano internacional en gran parte gracias a que el video era un trabajo totalmente distinto a lo que hasta entonces se había hecho y traspasó las fronteras habituales del género. Podría decirse que cruzó la línea.

Para ello utilicé un *look*, una imagen más *avant-garde*, más de avanzada, que dejó de lado la vestimenta seria para mostrar las nuevas tendencias de la moda de aquellos años. Es curioso, pero fue así como la casa disquera comenzó a verle potencial al material en otros mercados y países.

A veces doy un recorrido por la plataforma digital YouTube, esa que te conduce al pasado para echarle un vistazo. Me veo jovencito, con el cabello en una cola de caballo, mahones, chalecos, chaqueta negra, y hasta me río de recordar lo lanzado que fui en mi decisión de no vestir con el estilo tradicional que llevaban los demás. Ahora comprendo por qué en ese mundo clásico yo les resultaba muy extraño. Para lograr esa imagen conté con la ayuda del diseñador puertorriqueño Ed Coriano, quien entendía mis gustos y compartía mi visión de vestirme *out of the box*.

Mi primer viaje de trabajo en el escenario internacional fue a Venezuela, país al que quiero y en donde cuento con grandes amigos de la industria. Amo la música venezolana, amo su cultura y bendigo a su gente. Tuve la enorme dicha de ser apadrinado en ese gran país por el maestro Oscar de León, con quien había colaborado profesionalmente en Miami como suplente en su orquesta. En aquella ocasión, Oscar, al ver mi desempeño en la percusión, me preguntó de qué parte de Cuba o Puerto Rico era. Le dije que mi puertorriqueñidad y mi cubanía eran solamente de corazón y que mi origen era nicaragüense. Se quedó sorprendido, asombrado, porque no había conocido muchos músicos nicas, sobre todo en las tumbadoras. Me ofreció trabajo, recuerdo, y le conté que estaba preparando mi demo como cantante. Tan caballero y buena gente como es, me deseó suerte con palabras llenas de sinceridad. Quién iba a decir que años después sería él quien me llevaría al Poliedro de Caracas a vivir una experiencia inolvidable.

Venezuela y yo tenemos una relación de amor mutuo. Es un público al que quiero, al que respeto y al que le estoy agradecido. Esa tierra fue el punto de partida hacia el ámbito internacional, un viaje en el que mi próximo destino fue México, México lindo y querido.

Mi disquera confiaba en que mi proyecto podía insertarse en mercados tan importantes como México y realizó las gestiones necesarias en el Distrito Federal para poder participar del programa más importante del país, que se llamaba *Siempre en domingo* y que conducía el señor Raúl Velasco. Jamás olvidaré que, al llegar a esa empresa tan impresionante que es Televisa, mi mente dio marcha atrás y comenzó a recorrer todas las telenovelas y los programas mexicanos que se veían en mi país. Lo más impactante para mí era que me presentaría en un programa que veía desde hace años. ¡Lo que es la vida!

Llegué al canal muerto de miedo; el temor era mi compañero fiel en cada primera vez. Me daba mucho nervio debutar en vivo ante un público tan conocedor y exigente, tanto el que estaba allí presente en el estudio como el televidente, que miraba desde la comodidad de su hogar el desfile de estrellas que presentaba Velasco. *Siempre en domingo* era un clásico de la programación mexicana y sus niveles de audiencia eran altísimos.

Esa oportunidad era otra prueba de fuego y la asumí con la misma entereza con que había ido enfrentando cada reto en mi vida de indocumentado. Me presentaron a Velasco, la figura más importante del canal, y me recibió con una amabilidad maravillosa.

—Me dice la gente de tu compañía que eres lo máximo, así que bienvenido, esto es tuyo, lúcete. ¿Estás nervioso?

Yo estaba pasmado, no sabía si echarme a reír, o a llorar frente a ese señor a quien veía conducir el programa desde hacía tantos años. Casi no podía hablar, estaba como atragantado y, en vez de entablar una conversación extensa, lo único que pude hacer fue agradecerle la oportunidad y prometerle que no la desperdiciaría. El programa fue todo un éxito y Raúl, al final, me dijo que esa era mi casa y que podía regresar cuando quisiera. ¡Prueba superada!

## Oportunidades increíbles

Otras oportunidades surgieron en el panorama. Conocí a artistas que admiraba, por ejemplo, el trío Pandora, que estaba pesadísimo en ese tiempo. Tuve además la fortuna de conocer a una artista muy especial a quien le encantaba la salsa y que era admiradora de la siempre querida Celia

Cruz: Yuri. Yo conocía su música y sabía que era una artista importante, que dominaba la balada *pop* y que era queridísima. Yuri me propuso hacer un dúo en salsa para uno de sus discos. Vamos, que en México iba de emoción tras emoción: el público me había aceptado y encima de eso grabaría un dueto con Yuri. ¿Qué más podía pedir en aquel momento?

El junte podía parecer extraño, pero, al contrario, fue fantástico. A Yuri la llamaban *la Reina del pop latino* y *la Madonna mexicana*. Era talentosa, arrojada, le encantaban los retos. La idea de unir ambos talentos era perfecta. Grabamos el tema *Química perfecta*, de la autoría del puertorriqueño *Cucco* Peña y la cubana Guadalupe García. El arreglo, que era sencillamente magistral, fue realizado por el también boricua José Gazmey, quien además fue director de mi orquesta durante varios años y realizó un trabajo bordado a la medida para ambos artistas.

Grabamos el tema en un estudio localizado en el Distrito Federal y la sesión fue sencillamente espectacular. Yuri, con ese *swing* yucateco y tropical, se lució de principio a fin imprimiéndole al tema su sello y hasta improvisando con una habilidad natural. El video era pícaro y romántico, filmado en un museo y con una trama de una pareja que se conoce y de inmediato conecta: él, muy moderno; ella, muy clásica. *Química perfecta* fue un exitazo en todos lados, tanto que todavía me piden que la cante donde quiera que me presento.

Ojalá un día podamos juntarnos los dos en un escenario y revivirla.

La radio siempre ha tenido un papel significativo en mi carrera y, obviamente, en la de todos los compañeros artistas. Recuerdo con especial cariño y sentimiento a esas personas que se sumaron a mi historia y a quienes les agradezco el apoyo que me brindaron siempre. Por ejemplo, en aquellos tiempos, destaca Radio Sabrosita, una emisora mexicana que dirigía Manuel Durán, y Alejandro Schwartz era un DJ, especializado en música salsa, ambos determinantes para que mi trabajo llegara al público salsero de la república y se extendiera hacia los que no lo eran.

En aquel momento todo avanzaba, no había un detente en mi horizonte, al contrario, encaraba una agenda repleta de compromisos que me mantenía girando con presentaciones al mismo tiempo que grababa discos: Perú, Ecuador, Colombia. Continuábamos marcha en mercados en los que la salsa se mantenía entre seguidores que indagaban en la música más allá de sus países, pero en los que se iban abriendo las puertas de par en par para la sabrosura de ese ritmo. Invadimos nuevos segmentos de la población, encontrando asiduos, un público nuevo al que le llamó la atención nuestro trabajo y se convirtió en fanático.

Panamá, Costa Rica, mi región centroamericana, incluyendo Nicaragua, se mantenían como territorios a conquistar porque las compañías de discos pensaban que en ellos no se consumía esa música y que quizás no valía la pena intentar entrar, pues ese esfuerzo conllevaba inversión de trabajo, además de presupuesto. Me opuse de inmediato a ese pensamiento, a ese estilo de limitarse a lo que se cree que sucederá. Me empeñé en que lo intentáramos y no se imaginan ustedes cómo mi región respondió. ¡Fue espectacular! Mi país me recibió con los brazos abiertos cuando ya había saboreado el éxito en otros lugares. Regresé con un nombre establecido como tantos compañeros que hemos compartido ese sentimiento de no ser profetas en nuestra tierra y que hemos tenido que esperar con el corazón comprimido el aplauso de los nuestros. Para mi pueblo fue increíble, se sintieron orgullosos. Para mí, totalmente inolvidable ese encuentro feliz con la tierra que me parió y que ahora me consentía dejándome entrar por la puerta grande.

Países como El Salvador y Guatemala se sumaron a nuestro plan. Y pasó algo muy particular: mi éxito dejó de ser únicamente nicaragüense y se convirtió en un logro de toda la región. Eso me hacía sentir en el cielo porque, de alguna manera, como mercado, nos veíamos como la región que somos. Pasé de ser nicaragüense a artista centroamericano. Así lo decían cuando me presentaban en algún evento, lo que me permitía poner en alto a toda la región, obviamente sin dejar de lado mi profundo cariño por Nicaragua. Mi vida como indocumentado, de lugar a lugar, me ha enseñado a identificarme con cada tierra que piso, por lo que me siento parte de cada pueblo que me ha recibido con cariño.

Con el grupo Mañana Es Hoy LA 1980

Con mi compadre Omar Alfanno

Con mi papá, vacaciones 2014

Con el tío Luis Enrique Mejía Godoy en los 90's

Con el señor Raúl Velasco en 1990-91

Luca, mi papá y yo en el 2014, family portrait

Con Patrick Freeman, mi mejor amigo en La Serna High LA

En Somoto, amando
este instrumento que
se volvió mi todo

Tocando con Mañana
Es Hoy en LA

Mi abuelo Carlos y
yo a los 9 meses

Mis abuelos maternos,
Camilo López Nuñez y
Gertrudis Baca Navas

Matún y yo
en el patio de
la casa de la
Mama Elsa

Mi abuela Elsa,
Matún y yo de
3 años

Con Wesley Reed, mi maestro de música en LA

## *Cuando el cansancio pasa factura*

A pesar de emocionarme hasta el tuétano y disfrutar de cada uno de mis logros profesionales, hasta del más mínimo, continuaba con esa batalla espiritual que se desarrollaba en mi interior. Los recuerdos, las preguntas cuyas respuestas quedaron en el aire sobre mi vida personal, especialmente sobre el tema de la familia, me seguían acechando. Uno no se desviste fácilmente de este tipo de situación. En el tintero quedan pendientes muchos temas que, al no ser resueltos, te persiguen, están ahí, en compás de espera. Quien lo ha pasado me comprende.

Estaba extenuado, consumido por un cansancio que me vivía en el cuerpo y me iba devorando despacio, cada vez más. Era, además de físico, mental, y ese es el peor, porque el del cuerpo se te quita con descanso, pero el de la mente requiere otro tipo de atención y uno, inmerso en sus cosas, no se la da. La salud me pasó factura.

Estando en Santo Domingo, República Dominicana, y luego de presentar mi espectáculo en el Hotel Jaragua, me desmayé. Ya venía sintiéndome mal y sin fuerzas. Durante el *show* casi no podía hablar, tuve que hacer un esfuerzo gigantesco y concentrarme en lo principal, que era cantar para complacer a la gente allí reunida. Pero al final me desmoroné, caí al suelo sin fuerzas. Ya no podía más. Descansé en el hotel para al día siguiente regresar a Puerto Rico, donde vivía entonces. Una vez allí, me vi con el médico y su orden fue contundente: descanso y silencio absoluto por un mes.

Les juro que intenté cumplir con la orden del médico, pero qué va, tenía demasiadas responsabilidades y me sentía obligado a romper el descanso, acortarlo para poder cumplir con las exigencias de la agenda. Fatal, mala decisión de mi parte. Empeoré a tal grado que una madrugada, mi hermano *Matún* me encontró sentado en el piso del baño, con la cabeza en *la toilette*, casi ahogándome en vómitos. Me llevó de emergencia al hospital, y allí me notificaron que por no seguir al pie de la letra la recomendación médica ahora sufría la consecuencia de un estado terrible de deshidratación y acidez crónica, provocadas por el nivel tan alto de estrés y la falta de buena alimentación. Me asusté muchísimo, sentí un pavor del carajo. No fui un chico de enfermarme mucho, lo único delicado en mi salud había sido aquella infección del riñón que me dio estando en Estados Unidos. Por lo demás, era bastante saludable, o por lo menos eso creía yo.

El susto fue tal que me propuse cuidarme y en adelante hice cambios en mi nutrición. Comencé a hacer ejercicios e intentar dormir antes de las cinco de la madrugada. Les parecerá raro, pero los músicos casi nunca dormimos y, lo peor, le metemos horas extras al cuerpo y después no las recuperamos. Nadie puede vivir así, al menos no por largo tiempo. El cuerpo nos pasa la cuenta tarde o temprano y, en mi caso, lo hizo sin misericordia alguna, de repente y de cantazo. Según me cuenta mi padre, en ese tramo me veía mal, demacrado, flaco y con unas ojeras del carajo. Era demasiado joven para pasar por eso. Pero bueno…

Lo cierto es que, cuando los artistas logramos éxito, todo está más que bien, supuestamente. La gente entiende que por tener dinero y fama somos absolutamente felices. Nada más equivocado. Había ganado premios importantes, era reconocido, ganaba buen dinero, tenía fama y todo lo que ella trae, pero no tenía lo principal: una familia, un hogar, ese lugar donde te descargas, al que se llega a recibir atención y aliento, donde se puede respirar, porque uno sabe que está protegido, respaldado. Y donde también te dan un buen coscorrón de regaño por no cuidarte.

Los asuntos de mi carrera cambiaban mucho y muy rápido, y era muy complejo ir al mismo paso de lo que estaba sucediendo. Como es natural, la compañía disquera se iba desilusionando y estaba apostando por otros artistas mientras a mí se me hacía difícil seguir siendo lo que en un momento fui, una prioridad. Es que en el mundo corporativo de la música no hay nada fijo; hoy eres el primero en la fila, mañana regresas al final. Te marcan como prioridad de acuerdo a un calendario y, si por alguna razón tus logros en ventas se estancan, entonces te echan hacia el lado muy disimuladamente.

## El divorcio de Sony

Diez años transcurrieron estando en Sony Discos y siempre les estaré agradecido. Pero al finalizar la grabación de mi primer disco pop, que se llamó *Génesis*, en la compañía hubo cambios. El personal dejó de ser aquel grupo con el que yo había trabajado. La transformación interna no fue solamente en cuestión de personal de trabajo, la nueva administración traía otras cosas en mente. Mi proyecto ya no les interesaba, sobre todo *Génesis*, cuyo destino fue quedarse en el aire. Al momento no tenía *manager*, así que enfrenté la situación solo. Al no llegar a un acuerdo con ellos, decidieron dejarme ir, pero antes tenía que firmar un acuerdo que me comprometía a no grabar salsa durante dos años. Jaque mate. No pertenecería a su *roster* de artistas, pero tampoco sería una amenaza desde cualquier otra compañía.

Firmar ese papel fue casi un suicidio, muchos no lo entendieron, me criticaron, juzgaron y hasta me dieron por loco. Pero yo tenía que decidir entre ser lo que ellos querían, o ser fiel a mí mismo. Quedarme hubiera significado permanecer en ese estatus en el que estás ahí, pero no eres apoyado. Luego de ser su punta de lanza para una división tropical, de haber vendido tantos discos y generado tanto dinero, me dejaban «en la calle», al descubierto de esa maquinaria que cubre y te empuja en todos los mercados. Mi camino era sencillo: o por ellos o por mí. Y me quedé conmigo.

Aquel fue un momento de gran crecimiento. Aprendí que nadie es indispensable, que todo tiene un ciclo en la vida, y que somos pocos los que logramos sobrevivir a los cambios que la industria tiene cada cierto tiempo. Me sumergí en mi interés de iniciar una nueva etapa, esa en la que descubrí mi espiritualidad y en la que decidí que mis canciones mostraran algo de ello. Nacieron nuevos discos, *Timbalaye, Evolución* —que fue nominado al Grammy americano— y *Transparente*. El primero de ellos salió bajo el sello Polygram, que casi de inmediato fue adquirido por Universal Music, donde también, por cuestiones de cambios, mi disco jamás vio la oportunidad de progresar que merecía. Las producciones *Evolución* y *Transparente* surgieron como fruto de una *joint venture* —un estilo de negocios mediante el cual se juntan ambas fuerzas— entre WEA Latina y Chazz Music, mi propio sello. Fue el comienzo de un camino muy duro en el que yo era el inversionista de esperanza de mi carrera. Apostaría por mí, lo que, en palabras sencillas, significa ser un artista independiente.

Pero todo tiene un propósito en la vida y creo firmemente que todo ese revuelo profesional que viví ocurrió para prepararme para la mejor etapa de mi vida personal, una realidad que me haría cambiar: mi matrimonio y el más importante premio de mi vida, mi hijo Luca.

10

Caminos

paralelos

Una nueva canción,
firme con su paso agigantado,
abriendo nuevas puertas hacia el futuro deseado,
pues no hay mejor canción que la que no se ha cantado
ni la que nunca escucharon tus oídos limitados.

**De** *Una nueva canción,* **del álbum Mi Mundo**

¿Puede uno dividirse en pedazos cuando el momento lo requiere? Constantemente me hice esta pregunta a lo largo de un camino en el que se cruzaban Luis Enrique el músico y Luis Enrique el intérprete. Unas veces ambos iban juntos, y otras, por caminos separados. Fueron muchas las ocasiones en que tuve que decidir si darle prioridad a una u otra faceta. Era imprescindible hacer que Luis Enrique, el músico, el instrumentista, no se quedara a la sombra del cantante y también siguiera adelante y creciera, sobre todo porque esa faceta fue la que me impulsó en el principio hacia mi verdadero destino.

A mi alrededor se emitieron muchas opiniones encontradas, porque tocaba más de un instrumento y porque en vez de limitarme a la salsa me gustaba trabajar en más de un género. Era normal y yo podía comprender que otros no lo entendieran. Igualmente enfrenté oposición a la hora de aceptar la invitación de participar únicamente como músico en la grabación de la propuesta discográfica de otros artistas. Ya tenía estatus de artista, ¿qué era eso de formar parte de la banda musical de otros? Es difícil y complicado, para quienes no son músicos de vocación, entender que cuando se es músico no hay estatus, al contrario, somos una comunidad colaborativa en la que los egos forman parte de la fórmula del éxito del compañero o compañera a quien estamos apoyando.

Para mí siempre fue algo muy normal. No podía dejar de ser el músico que era y que tanto trabajo, empeño y perseverancia me había costado ser. Era imposible dejar atrás los esfuerzos en La Serna High School y las historias vividas en Los Ángeles y Miami. Además, eso de participar en el trabajo de otros es algo que siempre he disfrutado, y mucho. La oportunidad de poder aportar a la creación de un colega, darle un punto de vista desde otro ángulo, y de alguna manera enriquecer lo que ellos quieren, siempre fue algo sumamente gratificante y un proceso lleno de enseñanzas para ambas partes. Esa dinámica entre energías es muy agradable y se afinca en una base súper sólida de solidaridad, respeto y entendimiento.

Como músico, participé en el disco *Mi tierra* de Gloria Estefan. Me llamaron para que tocara específicamente en el tema del mismo nombre, que había sido escrito por el compositor colombiano Estefano (aquel que integró con muchísimo renombre el dúo Donato y Estefano). *Mi tierra* fue un disco especial para Gloria porque la acercaba bastante a sus raíces a través de canciones que obedecían a un estilo, si se puede decir, más cubano. Yo había trabajado con uno de los productores, un arreglista muy querido y famoso de Cuba, de nombre Juanito Márquez. Él conocía mi desempeño como instrumentista y estaba feliz de saber que participaría en ese tema que él había arreglado.

La realidad era que habían pasado ya unos cuantos percusionistas por la canción, pero aparentemente no daban con lo que buscaban. Cuando escuché el tema, ya con mi sombrero de percusionista y no de solista, sentí y entendí que el ritmo de la bomba puertorriqueña le sentaría bien, sobre todo al inicio del tema y en los versos. Afiné las tumbadoras en una tonalidad que no chocara armónicamente y comencé a grabar con algunos instrumentos de referencia que ya estaban puestos. Ojo, *la bomba* nada tiene que ver con Cuba, sin embargo, para mi gusto, la música es música y utilizar diferentes ritmos, fusionarlos unos con otros en una forma que no choque, siempre ha resultado en un final interesante que hace que la propuesta suene diferente.

Al terminar de grabar *Mi tierra*, los productores Clay Oswald y George Casas me preguntaron si quería participar en otros temas. De esa manera se cuajó mi intervención en cinco canciones de ese famoso disco.

Tiempo después trabajé en *Abriendo puertas*, producido por Kike Santander, con quien también realicé trabajos en varias producciones para otros artistas, las que fueron siempre experiencias grandiosas.

A partir del disco de Gloria Estefan y de haber grabado en el famosísimo Criteria Studios de Miami, me llamó el *manager* de ese lugar para comentarme que había una banda norteamericana buscando percusionista latino y que les había pasado mi número de teléfono. La banda resultó ser nada menos y nada más que Collective Soul, una agrupación de rock originaria de Stockbridge, Georgia, que por primera vez quería incluir un poco de percusión en uno de sus discos. De ahí se desprende mi intervención en el sencillo *December*, en el cual participé, además de haber grabado en todo el disco. Con ellos trabajé en una segunda producción discográfica y, como parte de su promoción, participé en el *Tonight Show* de la cadena NBC, en el que participé como invitado especial.

Continué colaborando en producciones de artistas como Foreigner (la banda angloamericana de rock), el jazzista cubano Arturo Sandoval, el venezolano Ilan Chester, el italo-venezolano Franco de Vita, la española Paloma San Basilio, el dúo español compuesto por las hermanas Toñi y Encarna Salazar y conocido como Azúcar Moreno (aquellas que versionaron el *Devórame*, de Lalo Rodríguez, en un estilo aflamencado), el pianista Freddy Ravel, el puertorriqueño Chayanne, y el maestro dominicano Juan Luis Guerra. Espero que la memoria no me traicione, aunque seguramente se me queda alguno más. Fue fantástico colaborar con todos estos artistas, gozar de la energía y la personalidad de cada cual y colocar mi empeño y talento en su esfuerzo.

Dice un refrán popular de nuestra cultura hispana que «una mano lava la otra» y en mi caso es indiscutiblemente cierto. Primero soy músico, después cantante, y una faceta me fue llevando hacia la otra, unas veces a la vez y otras por separado. Analizando en retrospectiva, hoy me doy cuenta que lo que me impulsó a hacer tanto a la vez fue mi amor puro y comprometido por la música. Puedo haber experimentado cambios en mi ser, pero si algo ha sido constante es ese pacto. Sí, definitivamente eso es lo que siempre me ha movido, incluso he preferido no descansar para estar presente en una sesión, o cumplir con algún concierto. Así eran esos años de juventud, comandados por un deseo de probarme a mí mismo que podía. Pero esto de probarme creo que jamás ha tenido un fin, porque hasta el último de mis días me veré tentado a vivir esa experiencia en la que solamente me preocupo por hacer más con menos y disfrutar más del trayecto.

# 11

# Fortaleza espiritual

*Ya comenzó, ya comenzó, ya comenzó.*
*Hay un despertar que habita*
*en la conciencia del que desea*
*darle sentido a la vida.*

**De** *Ya comenzó,* **del álbum Jukebox**

*A*llá por el año 1991, andábamos de gira en la ciudad de Los Ángeles con mi cuarto álbum, que se llamó *Una historia diferente*. Aquella gira representaba una movida significativa, determinante, que incluso incluyó un disco grabado en vivo. El *show* era muy complejo y estaba protagonizado por los *hits* que había logrado con los tres discos anteriores, que eran bastantes, y le daban vida a esa nueva propuesta musical que gozó de una gran acogida de la gente.

Supongo que Ricky Correoso —mi *manager* de entonces— debió de haber dado vueltas de un lado a otro mientras pensaba cómo comunicarme la noticia. Se había enterado que mi madre, María Aurora, se encontraba allí en esa ciudad viviendo literalmente en la calle, y necesitaba mi ayuda. No quería encontrarme con ella, para qué voy a mentir. Nuestra relación era a pedazos y siempre sobre un terreno emocional bastante incómodo y escabroso. Pero la bondad que emanaba de las palabras de Ricky y los comentarios del grupo de gente que estaba con nosotros allí me animaron a soltar el miedo de verla otra vez y en tales circunstancias. Fue así como accedí a que nos encontráramos en el hotel en el que me estaba quedando, ajeno al hecho de que no estaba preparado para la terrible escena que me esperaba.

Tan pronto la vi el alma se me fue al suelo. Me estremecí al ver la condición paupérrima en que se hallaba. Aparte de los demonios que se entrometieron en su vida, mi madre siempre fue una mujer bonita, chiquitina y pizpireta. La mujer con la que me topé era diametralmente distinta. Su cuerpo reflejaba los estragos de la desnutrición, era puro hueso. Estaba demacrada y a simple vista se veía que llevaba días sin darse un baño o cambiarse de ropa. Ver a mi madre en esa condición fue horroroso. Y, si para mí lo fue, para ella también resultó vergonzoso dejarse ver por su hijo mayor en tal estado. María Aurora no encontraba cómo actuar, tenía la mirada extraviada y estaba como perdida.

Rompí el hielo de aquel triste encuentro manifestándole que había aceptado verla porque tenía el genuino deseo de ayudarla, pero, eso sí, sería bajo mis términos. No había otra manera. Mi vida había tomado un rumbo placentero, un nuevo aire. A través del trabajo duro me estaba encaminando hacia un futuro mejor y no estaba dispuesto a enterrar mis esfuerzos por nada ni nadie que no lo mereciera. Sé que suena duro, pero el hecho es que luego de todo lo que había vivido no quería tener problemas, mucho menos dar marcha atrás cuando me había dejado la piel en mis esfuerzos. Lo importante era que quería ayudarla, darle la posibilidad que se recuperara en cuerpo y, sobre todo, en espíritu. Ella aceptó.

Debía irme de regreso a Puerto Rico después de ese *show* para seguir cumpliendo múltiples compromisos de trabajo. Mi hermana Vanessa ya estaba viviendo en Miami, en mi casa. Ella es mi hermana por parte de madre, una mujer buena, magnífica, que nació de la relación de mi madre con un señor en Costa Rica. Vanessa también tiene su historia y parte de ella se desarrolla en la casa de los abuelos en Nicaragua, a donde la enviaron a vivir por un tiempo. Aunque no somos hermanos de madre y padre, nunca la he considerado mi media hermana, al contrario, es hermana y punto, aunque no hayamos crecido juntos.

Le comenté a Vanessa la situación: que estaba enviando a mi madre, que llegaría a la casa en Miami y que iba a internarla en un centro de rehabilitación. Su estadía en la casa sería corta, supuestamente de dos días, porque debía presentarse al centro a tramitar su ingreso para la permanencia de un mes que requería el programa. Las drogas son como un monstruo, uno de esos engendros inventados por los cineastas que se ven en las películas y que se adentran en las personas para apoderarse de ellas y carcomerlas por completo. Tal es así, que mi madre, ya en Miami, afirmaba contundentemente que no necesitaba ayuda, que ella no estaba ahí para rehabilitarse y que, de obligarla, ella continuaría con su vida en Los Ángeles para que yo pudiera seguir con la mía. Así de fuerte.

Por suerte, pudimos más que ella, logramos que entrara al programa de rehabilitación. Pasado un mes, comenzó a notarse un cambio tan grande que todos estábamos súper alegres. Nuestra madre era otra persona y, bendito sea Dios, finalmente estaba sentando cabeza.

## *Tiempo de introspección e iluminación*

En este tiempo yo atravesaba una introspección personal muy necesaria. Estaba buscando mi yo, descifrando mis enigmas, intentando ver un poco más allá del momento que vivía para establecer mis próximos pasos. Llevaba un ritmo de trabajo agotador que producía grandes cantidades de dinero, del que se beneficiaba mucha gente. Me planteaba que era justo y necesario detenerme, descansar, respirar para poder continuar la marcha produciendo un trabajo íntegro y de calidad. No sabía hasta cuándo podía mantener ese ritmo y mucho menos cómo podía detenerlo sin lacerar lo que había logrado, en fin, cómo podía desaparecer por un momento de la vorágine de la fama siendo tan exitoso.

Anhelaba un hogar, una base. Por lo menos tenía a mis hermanos a mi lado, viviendo conmigo, intentando manejarnos como una familia, tratando de construir algo que nunca habíamos experimentado porque los tres siempre fuimos dando bandazos. Teníamos la oportunidad de vivir juntos al tiempo que nuestra madre se rehabilitaba. Mientras tanto, en la soledad de mis pensamientos, sostenía grandes luchas espirituales para sanar las heridas de mi pasado. Las lesiones que se van sufriendo tardan mucho en curarse.

María Aurora continuaba mejorando en su proceso físico y sicológico y hasta encontró un buen compañero. Sin embargo, no había forma de legalizarla en el país, lo que entorpeció su posibilidad de matrimonio y evitó que la relación funcionara. Tras varios años viviendo muy bien en Miami, decidió regresar a Nicaragua. A nosotros no nos quedaba otra que aceptar su decisión, convencidos de que habíamos hecho todo lo posible por ayudarla.

Mi batalla personal seguía en pie y en lo profesional se me presentaban nuevos caminos. Para un artista, el diversificarse le renueva las energías; como ya he dicho, es un ejercicio de aprendizaje y crecimiento. Me invitaron a protagonizar una telenovela, *Al son del amor*, la que sería mi primera vez en el campo de la actuación. Luego de mucho pensarlo, porque jamás contemplé la más mínima posibilidad como actor, acepté el reto de integrar un elenco de primeras figuras de este proyecto puertorriqueño.

Filmamos en la Hacienda Carabalí, en el municipio de Río Grande, un lugar muy pintoresco, de gente buena, que se convirtió en el escenario para la trama de amor e intriga de la telenovela. La protagonista fue la actriz venezolana Carolina Perpetuo, una mujer maravillosa a la que le gustaba leer libros de autoayuda. Ella me prestó *El alquimista*, del escritor brasileño Pablo Coelho. Dos semanas estuvo el libro ignorado y sentado sobre la mesa de noche de mi habitación hasta que un día, durante la grabación, Carolina me preguntó por su libro y le prometí entregárselo el próximo lunes. Esa noche, tras la jornada de trabajo, llegué cansadísimo a la casa. Las grabaciones de *Al son del amor* se dieron en una época de mucha humedad y calor, se trabajaba de mañana a madrugada y uno salía requetemuerto del cansancio. Pero esa vez me dije: «Bueno, vamos a ver qué trae este libro».

Fue brutal, iluminador, como si hubiera sido escrito para mí. *El alquimista* me sacudió y me regaló información vital para mi búsqueda personal. Mi carrera se había detenido un poco; mi nivel de felicidad, también. Así que ese libro me dio durísimo, a tal punto que al comenzar a leerlo no pude soltarlo y lo devoré en un solo día. Le regresé el libro a Carolina y se lo agradecí infinitamente, consciente de que los misterios que te aguardan en la vida llegan en el momento perfecto. No fue casualidad que ella me insistiera en leer ese libro, fue definitivamente providencial.

Al terminar la grabación de la telenovela, regresé al estudio a grabar temas *pop*. Quería incursionar en ese estilo y sentía que tenía que cumplir el deseo de hacer un disco de *pop* en mi vida. Me lo merecía y era una deuda que llevaba en mis adentros desde hacía algún tiempo. Regresé a Miami, creo que corría al año 96, para trabajar en el compilado de temas que se llamó *Génesis*; al mismo tiempo continuaba mi proceso de búsqueda espiritual, ese afán por encontrar la tranquilidad, la plenitud y mi verdadero yo. Leía muchísimo y, sinceramente, ese ejercicio me hizo mucho bien.

## Mi atípico encuentro con Jesucristo

Poco antes de grabar *Génesis*, regresé a Los Ángeles a concederme el derecho de estar incomunicado durante todo un mes, cosa que no pasa nunca en el vaivén de los artistas. Ansiaba experimentar la soledad, estar en otro ambiente, y lo hice no solo un mes, sino durante tres meses. Comencé a visitar el gimnasio y a alimentarme mejor; y continuaba leyendo. Me topé con varios libros importantes, reveladores, uno de ellos se titulaba *Las 7 leyes para el éxito espiritual*, del escritor hindú Deepak Chopra, autor de muchísimos libros para el crecimiento espiritual, que me había recomendado una amiga.

Luego de esos meses, regresé a Miami y encontré que mi madre estaba centrada en mejorarse. El proceso de sanación requiere un esfuerzo gigantesco, no es cosa de un mes, sino de toda la vida. Recuerdo que ella leía *Muchas vidas, muchos sabios*, de Brian Weiss, un libro que describía casos de curación de fobias e inseguridades mediante el estudio, a través de regresiones conducidas por Weiss, de las experiencias y miedos de vidas anteriores.

Casualmente, el Instituto Brian Weiss quedaba a diez minutos de mi casa, lo que me pareció un indicio, una señal que debía obedecer. Leí el libro y comencé a plantearme y replantearme el porqué de las experiencias que hasta entonces había vivido. Un día me atreví a llamar al Instituto para averiguar si podía tener uno de esos procesos de regresión mediante hipnosis que te permiten profundizar en tus heridas y trabajar en la recuperación. No era que creyera en la reencarnación, pero estaba dispuesto a intentar y abrazar todo lo que pudiera contribuir a mi proceso de crecimiento.

En ese recinto me recibió Latah, una señora hindú de piel ceniza que llevaba el cabello trenzado y largo hasta la cintura y espejuelos de montura circular. Era pequeña de cuerpo, lo que se dice *petite*, y tenía una voz hermosa, suave y delicada que te hacía sentir como si te estuviera hablando un ángel bajado del cielo. Le tocó atenderme y le expliqué que me sentía nervioso ante esa primera vez. Latah me invitó a tranquilizarme, a confiar, a dejarme llevar porque al final todo iría bien. Y así fue. Esa primera cita fue muy interesante. Abordamos cosas de mi pasado, sobre todo de lo ocurrido a partir de los cinco años en adelante. La experiencia fue tan educativa y sensacional que continué visitando aquel lugar que para mí era como un remanso de paz, un oasis.

En la tercera cita me encontraba muy estresado. Había finalizado el disco *Génesis* y no le dedicaron la promoción debida. En Sony Discos se dieron muchos cambios y como consecuencia mi producción se quedó flotando, en el aire. Aquello fue terrible para mí. No estaba acostumbrado a que no se promocionara el trabajo, era la primera vez que me sucedía. Con esa preocupación y decepción en mente, me presenté a esa tercera cita con Latah. Aquella mujer me hizo una regresión, que es un proceso en el que, utilizando técnicas para alterar el estado de la conciencia, te van guiando de manera que puedas viajar en tu interior para recordar aconte-cimientos del pasado.

Es como un paseo hacia la profundidad de tu vida en el que te abandonas al mandato de la voz que te guía. Con los ojos cerrados y con el cuerpo lo más relajado posible, escuchaba la voz suave y agradable de aquella mujer que me pedía que viajara hasta mis cinco años, que volara y jugara en las nubes. Parece muy loco, pero pude visualizarme de niño, desnudo, entre las nubes, con ojos pícaros. Esta es la primera vez que cuento en público lo que sucedió. Aunque muy pocas personas de mi entorno la conocen, fue una de las experiencias más enriquecedoras de mi vida.

Me veo en las nubes y, estando allí, alguien, una voz, una presencia, me pide que baje al agua, al mar, que me bañe y me sienta feliz jugando entre las olas. Lo hago con los ojos cerrados y escucho cuando me pide que salga del mar y me dirija hacia la arena. Entonces me veo saliendo del agua, caminando hacia la arena, y allí hay una persona esperándome. Todo esto lo voy viendo y viviendo a través de esa regresión, de ese viaje. La persona es un hombre adulto, mucho más alto que yo, que viste una túnica color azul celes-te. Estando frente a él me doy cuenta que apenas le llego a las rodillas, miro hacia arriba y es Jesucristo, o por lo menos la imagen que yo tengo de él. Me mira, pero no me habla.

Todo eso lo voy viviendo en mi interior durante la sesión de terapia. Latah no sabe nada, permanece a mi lado res-petando el silencio exterior de mi viaje interior. Entonces, en mi regresión, siento algo inesperado y que jamás había sentido ni he vuelto a sentir. Aquella figura me tomó la mano y al hacerlo experimenté una corriente; es difícil explicarlo, pero era como una llama que recorrió mi cuerpo, desde los pies hasta la cabeza, me cruzó de un lado al otro por el torso produciendo la sensación de mayor intensidad en el pecho. Fue una emoción que no puedo describir porque nunca antes la había sentido. Ni la música, ni el sexo, ni uno solo de los sentimientos vividos hasta el momento, ni una sola de las emociones iguala lo que sentí. De inmediato, mi cuerpo comenzó a temblar.

Latah continuaba a mi lado y veía que estaba temblando, algo así como si me hubiera dado un ataque de epilepsia. Yo intentaba abrir los ojos, pero no podía. Ella de alguna manera se dio cuenta, tocó mi mano, percibió que no podía hablar y me dijo en susurros que dentro de ese viaje interior me dirigiera hacia una puerta que conduciría a una habitación y después a unos escalones. Me indicó, para traerme de regreso, que cuando ella contara hasta diez comenzara a bajar.

Sigo temblando, abro la puerta, Jesucristo todavía está a mi lado. Cuando comienzo a descender los peldaños, me suelta. Me quedo con ganas de hablarle, de hacerle preguntas y escuchar su voz. Pero ya no está. Seguí mi camino en la regresión y sentí que Latah me pedía que me tranquilizara, lo que me resultaba difícil porque no podía controlar el estremecimiento físico provocado por lo que acababa de pasar. Finalmente logré abrir los ojos y comencé a llorar.

Le conté a Latah todo lo que había pasado, que escuché su instrucción de salir del agua, de caminar hacia la arena, que había un hombre esperándome. Ella me preguntó si sabía quién era y le contesté que Jesucristo. Latah se quedó sorprendida.

—Es como si a mí se me apareciera Krishna —me dijo—. No creo en Jesucristo, pero qué maravilloso que esto te haya sucedido.

Una sola pregunta quedaba en el aire: ¿por qué a mí? No entendía. Latah me contestó con otra pregunta:

¿Por qué tiene que haber un por qué? Tienes que aceptar lo que te ha pasado, abrazarlo y vivirlo, es tu experiencia por las razones que sean.

En mi búsqueda espiritual encontré a Jesucristo, y de la manera más extraña: a través de una regresión en un lugar en el que se creía en la reencarnación y con una terapeuta hindú. Regresé después para repetir la experiencia, quería volver a encontrarme con aquel ser, pero nunca más sucedió. Como expliqué antes, siempre creí en Dios, siempre tuve *fe*, pero esta vivencia era algo totalmente distinto.

Escribo este testimonio por primera vez aquí, me atrevo a contar algo que para mí es muy íntimo con la esperanza de que no sea mal interpretado. A partir de ese momento tan especial cambiaron muchas cosas. Mi vida inició otro rumbo en el que apreciaba la parte positiva de mi cambio. Mi parte espiritual necesitaba estar en orden y fortalecerse para poder encarar lo siguiente. Mi madre se separó de su compañero y, durante una de mis ausencias por motivo de viaje de trabajo, decidió irse de regreso a Nicaragua. Al mismo tiempo, luego de diez años, la discográfica Sony me dejó ir.

En otro momento, el encontrarme despojado de la fuerza que representa para los cantantes estar al abrigo de una disquera hubiera sido fatal. Pero, en medio de la angustia que me produjo verme fuera de la poderosa sombrilla de una empresa multinacional, me sentía preparado para lo que viniera. En ocasiones anteriores no lo estuve, ahora sí.

Creía en mí, en mi talento, en mi interés de generar música de la buena, en mi capacidad creativa, en los principios que me dictaban que lo más importante era ser fiel a lo que yo era y no entregarme a la mera intención de producir un material comercial que complaciera a los demás. Me sentía maduro, todavía había espacio para crecer, pero estaba listo para enfrentar una etapa rodeado de gente que compartiera mi visión y creyera en mi proyecto. Abrí los brazos y me abandoné a ese destino que al final siempre demuestra ser sabio y preciso.

12

# Bendecido

## en amores

*Soy un hombre afortunado*
*cuando ella está a mi lado,*
*y, si no está,*
*tan solo un pobre diablo.*
*Soy un hombre afortunado*
*a su voz acostumbrado.*

**De** *Un hombre afortunado*, **del álbum Dilema**

He sido bendecido en amores. En distintos tramos de mis cincuenta y cuatro años, he tenido la fortuna de estar acompañado de mujeres maravillosas, hermosas, inteligentes y de gran corazón. Con cada una de ellas viví momentos únicos, irrepetibles y emocionantes que atesoro.

Siempre he cuidado con celo la privacidad de mi vida sentimental, y he tratado de preservar al máximo los detalles que componen mi historia personal. Comprendo que en un momento dado y de alguna manera, la industria del espectáculo comenzó a nutrirse de informaciones que no tenían nada que ver con el talento y la *performance* de tal o cual artista, sino que ese tipo de noticias contribuían a las estrategias promocionales para darlos a conocer. La curiosidad cruzó la raya con la excusa que el público quería saber y había que alimentarlo.

No juzgo ni critico a quienes revelan hasta el más íntimo fragmento de su privacidad. Compartir con el público ese espacio fuera del escenario es su derecho. Yo, simplemente, no soy así, porque desde muy temprano en mi carrera me di cuenta que para mantener mi salud emocional era imprescindible separar y reservar cierto tiempo y espacio exclusivamente para mí. Además, y todos ustedes lo saben, no soy persona de chismes, de escándalos, de incidentes mediáticos; mi vida es bastante aburrida en temas de cotilleo, porque voy intentando llevarla bien, no protagonizo ni entro en líos con nadie, soy un tipo sano, en fin, no tengo ninguno de los ingredientes que inflan la noticia y desatan la curiosidad.

Tampoco me ando escondiendo. Para nada. Los periodistas —que han sido inmensamente colaborativos en mi carrera— pueden preguntarme lo que quieran, pero saben que yo les contestaré lo que quiera. Hay cosas que cuento, otras que no, por ejemplo, mis relaciones amorosas. Esas las he protegido todo lo posible, porque es muy duro llevar una relación de pareja —que ya de por sí es complicado— y bregar a la vez con el escrutinio, los comentarios y todos esos aderezos que pueden darle a algún incidente un sabor más agrio del que tiene. La intervención de los demás es innecesaria y puede lacerar la relación. Y creo que en esto no voy a cambiar nunca de opinión.

Pero lo cierto es que en esta autobiografía no puedo dejar de contar que he vivido grandes amores con mujeres espectaculares que han quedado, de una manera u otra, grabadas en mi corazón. Han sido relaciones bastante estables, serias, unas más largas que otras, pero todas con la intención que funcionaran a nivel de pareja. No, no las voy a mencionar, porque no me parece justo ni elegante. Respeto sus vidas, lo que han logrado, pues hoy son esposas, madres, empresarias, mujeres realizadas, espléndidas y dueñas de la vida que siempre anhelaron tener.

Fueron relaciones que llegaron a su fin porque les faltó algo para funcionar. Y nunca fue culpa nada más de ellas. Yo estaba limitado en lo que les podía dar. No tengo miedo alguno en asumir la responsabilidad de cada uno de los fallos, aunque soy consciente de que lo que no está, no está, ni para ellas ni para mí. Las amé y les entregué todo lo que pude, todo lo que podía dar en ese momento, pero mi pasado no me había preparado para una relación duradera, no tenía referencias de una vida en pareja estable y saludable. Di todo en el marco de mis limitaciones y me quedé corto no por falta de ganas, sino por ignorancia, por inmadurez emocional, ambas como consecuencia de la disfuncionalidad de mi entorno familiar y de ese andar incierto que viví demasiado temprano en la vida.

Analizando mi pasado caigo en cuenta, y me da mucho sentimiento, que siempre estuve en busca de un hogar, me apegaba a todo aquel núcleo que me pareciera familiar y me brindara el equilibrio que tanto necesitaba y añoraba. No quiero decir que mendigaba, pero creo que es el término que más se acerca a esa necesidad tan profunda y tan mía. Me arrimaba a las personas que me hacían sentir querido y seguro, que de alguna manera me infundían paz y tranquilidad.

Creo que en todas las mujeres que han formado parte de mi andar por la vida busqué a mi mamá o, mejor dicho, a esa madre que nunca he tenido. Fue muy jodido, porque la carencia de ese afecto y esa protección de madre a hijo puede influir en tu vida de pareja. Es casi imposible construir, a falta de una base sólida, sobre tierra movediza. No te das cuenta en el momento, pero, cuando alcanzas esta etapa en la que repasas las sumas y las restas de tu andar por la vida, te topas con la realidad que hay detrás de la realidad.

No voy a esconder que fui bastante pícaro. ¿Qué muchacho en su época de juventud no lo es? El molde de mis gustos era siempre el mismo: mujeres guapas, inteligentes, de cabello oscuro, muy latinas y con algún leve rasgo oriental, casi siempre en la mirada. Hasta que llegó Carolina.

Carolina Diago fue y sigue siendo una mujer muy importante en mi vida. La conocí primero por su voz, porque un amigo me pidió que trabajara un tema para ella, me dio a escuchar un demo y me pareció una voz muy linda, muy dulce. Luego la vi. Rompía todos mis esquemas de gusto físico. Nacida en Venezuela, pero criada en Brasil, Carolina Diago es una mujer fantástica, bellísima, de cabello castaño rubio y una personalidad inteligente y agradable. Quise formar una familia con ella, nos casamos muy enamorados en una celebración tradicional realizada en Miami, a la que asistieron amigos y familiares. De esa relación nació lo más importante de mi vida: Luca. Lamentablemente, luego de cinco años nos separamos. La realidad es que a mí me costó mucho intentar vivir una vida normal y ella, al contrario, venía de una familia estable y eso lógicamente era lo que esperaba.

Al mismo tiempo atravesaba una etapa delicada en mi carrera. La industria había cambiado. Aunque la esencia de hacer música era la misma, la manera de presentarla, mercadearla y moverla dio un giro de 180 grados hacia un sistema digital que incluía plataformas de redes sociales que eran la novedad y que se convirtieron en tablones de expresión pública, formatos de opinión y vehículos de promoción. Mi carrera, podríamos decir, estaba en una pausa. Más tarde le encontré el sentido a ese paréntesis en mis compromisos, porque era necesario para dedicarme a la faceta que requeriría la mayor de mis atenciones y el más grande de mis compromisos: ser padre.

Carolina y yo trabajamos para separarnos con la cordialidad de dos personas que se amaron y que permanecerán unidas para siempre por un hijo. A pesar del dolor lógico que conlleva el fin de una relación matrimonial, un fracaso, pudimos establecer un vínculo saludable para que nuestro hijo no se afectara y disfrutara de lo mejor de ambas partes. Y así ha sido. Luca cuenta con dos hogares unidos en comunicación y llenos de amor y apoyo incondicional para él. Dos familias que se convierten en una para el desarrollo de una vida feliz, segura y saludable. Carolina rehízo su vida junto a un hombre fantástico que ama a mi hijo y se ha convertido en un segundo y maravilloso padre. Nada me da mayor satisfacción, tranquilidad y alegría que saber que Luca es amado, respetado y cuidado.

Saber que me convertiría en padre fue una noticia impactante y trascendental. Es sensacional lo que ocurre en ese proceso de la creación de la vida. Somos protagonistas y testigos del mayor de los milagros: la formación de una vida de tu propia vida. Esperas con ilusión el nacimiento de esa criatura que lleva sangre de tu sangre. Desde el momento en que me enteré que mi hijo se estaba gestando, me convertí en el hombre más feliz del planeta. El destino me posicionaba frente a una responsabilidad monumental para la cual no tenía marco de referencia. Ya saben cómo era la relación con mi madre, y mi vínculo con mi padre estaba fragmentado: él allá, yo acá, ambos presos de circunstancias y situaciones que nos mantenían distanciados de manera física y emocional. Pero mis ganas eran más, y me juré que cada gota de mi ser estaría dedicada por completo a ese hijo que llegaba para darle vuelta a mi vida, para ser mi ancla.

## Luca

Luca es para mí lo más grande, la fuerza mayor, el amor más puro, más transparente y más retador. Vivo para él y por él, agradecido por la oportunidad que me ofrece de experimentar el presente a través de su mirada, de sus experiencias, de sus emociones. Con los hijos se vive por segunda vez e intentas hacerlo como es debido, al máximo, con intensidad. A sus quince años, mi hijo es un chico espectacular. Lo miro y me quedo embelesado, me atrapa ese físico en el que me descubro a mí mismo. Es un joven guapísimo, de mirada limpia y clara, de sentimientos extraordinarios, y con una personalidad muy sencilla e intuitiva que le va soplando en la mente lo que sí y lo que no.

Es impresionante que, siendo tan jovencito, tenga el pensamiento tan libre, tan fiel a sí mismo. Ha sido criado con extremo cuidado para que desarrolle una seguridad que le permita funcionar como una persona independiente, capaz, y lograr todo lo que quiera en la vida. Desde pequeño mostró un gusto orgánico por todo lo artístico. Claro, se crio entre canciones, conoció los estudios de grabación. La música la trae en las venas; sin embargo, también tiene un talento interesante para los deportes y el dibujo. Es un chico sano, de buenos sentimientos. A veces, cuando dormía siendo bebé, me quedaba mirándolo y los ojos se me bañaban de lágrimas. Me conozco de memoria cada facción, cada línea de ese rostro que recorro lentamente con la mirada para atraparlo en mi recuerdo. Ya va creciendo, su cuerpo se ha estirado, lleva el cabello a su gusto, moderno, y una pinta de guapura que combina lo mejor de ambas familias.

¡No hay mal que por bien no venga! Esa pausa en mi carrera me permitió dedicarme casi ocho años a Luca, un tiempo espectacular en el que desarrollamos una sólida relación de padre a hijo y de hijo a padre. He tenido la suerte de poder tener presencia en su vida, de formar parte de cada uno de sus momentos, de estar siempre que me necesita. Luca me dio un nuevo aire, ensanchó mi vida, me llenó de energías y de un amor incondicional en el que yo —fuera de escenarios y bambalinas— era algo muy simple: papá.

Ser padre ha sido un proceso de aprendizaje total. Cualquiera puede tener hijos, pero no cualquiera puede ser padre. Realizar ese rol en estos tiempos de tanto disturbio económico, político y moral requiere todas las fuerzas de tu corazón, precisa concentrarse en establecer para nuestros hijos los principios que les servirán para conducirse positivamente hacia la felicidad. Inculcarles amor, respeto y honestidad es una tarea que debe realizarse todos los días. Abrazar sus angustias, acunar sus deseos y respaldarlo frente a sus miedos es fundamental.

El nacimiento de Luca me motivó a estudiar mi vida, a revisar mis pasos. Mi hijo, sin saberlo ni proponérselo, fue el motor que echó a andar mi búsqueda personal, ese regreso a mi esencia y a mis raíces en mi Nicaragua querida.

Cuando tuvo cierta edad, llevé a Luca a conocer mi país, a tener un encuentro con el origen que compartimos y a iniciar ese proceso mediante el cual se va conociendo y apreciando el punto de partida. Por el lado de su padre, Luca es y siempre será Mejía López, parte de una cepa de músicos y de políticos de sangre, oriundos de un pueblo sencillo y caluroso que se llama Somoto. Recuerdo que una de las primeras veces llegamos en helicóptero, disfrutando de ese paisaje hermosamente campestre de mi región, tan fantástica, tan verde. Aterrizamos en Somoto y me esperaba muchísima gente a lo largo de las mismas calles en las que corrí y jugué de chiqui-llo. Mientras ellos se mostraban emocionados porque llegaba Luis Enrique, a mí me latía el corazón porque pisaba Somoto junto a mi hijo.

Había escrito *Autobiografía*, que creo, sin temor a equivo-carme, que ha sido el punto de partida de este relato, de este libro que explica en detalle lo que en principio narré en esta canción:

*El mundo no es lo que veía*
*desde la ventana de mi cuarto*
*en el verano del 78.*
*Vi una nube que crecía*
*y mi infancia que se iba.*
*Fui de Managua hasta Tijuana*
*buscando al norte una esperanza.*
*Llegué a la tierra prometida,*
*aprendí otro idioma,*
*comencé otra vida.*
*Crecí en las sombras del silencio,*
*fui un ilegal con miedo,*
*sin papeles y sin dirección.*
*Desde los quince años soy el extranjero,*
*no soy de aquí ni soy de allá.*
*Entre mi gente soy la voz que vive lejos,*
*pero jamás voy a olvidar*
*esos amaneceres bellos de Somoto,*

los juegos en la Calle Real,
mi primera novia
y mi identidad.
Vivo marcado por tres franjas,
son dos azules y una blanca.
Por donde voy llevo mi patria,
viva donde viva yo me siento en casa.
Hoy tengo un hijo y no quisiera
verlo pasar esa experiencia.
Si un día no hubiera fronteras,
creo que mi historia no se repitiera.
Cómo olvidar el barquito de papel flotando sobre el
río de la calle,
la guitarra del Abuelo Carlos,
las peleas de gallo del Abuelo Camilo
y la pulpería de la Mamá Elsa,
el almendro de donde La Tere
y las canciones de mis tíos
nunca voy a olvidar.

13

Causalidades

y amigos

*Yo creo en causa y efecto…*

De *Así es la vida*, del álbum Luis Enrique

e esta manera define el
Diccionario de la Real Academia Española
la palabra causalidad.

## *causalidad*

---

De *causal*.

1. f. Causa, origen, principio.
2. f. *Fil.* Ley en virtud de la cual se producen efectos.

Partiendo de esta definición, mi historia personal y profesional está repleta de grandes causalidades que de repente encajan a la perfección, como si fueran las partes del mapa de mi vida. Es curioso cómo la prisa nos impide comprender al momento los designios del universo. Creo que no tenemos tiempo, que andamos con una prisa que entorpece el entendimiento. Ojalá hiciéramos el ejercicio de analizar cada cosa que nos pasa. Pero no, no lo hacemos, y con ello nos perdemos de ruta, se nos empaña el instinto. Tiempo después, si es que acaso nos detenemos, caemos en cuenta que cada pieza de nuestra historia tenía el tamaño y la forma precisa que requería para encajar con las demás.

He vivido grandes causalidades con mis amigos, con ese entorno pequeño en número, pero grande en amor y solidaridad que me ha acompañado durante muchísimos años. Mis amigos siempre han estado muy unidos a mí y con todos he vivido alguna causalidad.

Rafa Solano es uno de los percusionistas más talentosos que he conocido. Llegó a la ciudad de Miami por pura causalidad. Jamás pensó que ese viaje para visitar a su familia le cambiaría la vida. No buscaba oportunidades, pero, como todo músico, aceptó la tentación de presentarse a la audición para el grupo con el que yo llegué a Miami procedente de Los Ángeles que buscaba un percusionista adicional. Jamás pensó él, y jamás pensé yo, que aquel encuentro entre un dominicano y un nica se convertiría en una amistad sólida que perduraría a través de años, penurias, risas, esfuerzos, logros y sacrificios. Rafa Solano pasó a ser mi familia, la música y un giro del destino nos unieron.

## Mi compadre Omar y la historia de *Así es la vida*

En Miami también conocí a quien después se convirtió en mi compadre, el compositor panameño Omar Alfanno, con quien coincidí brevemente en un estudio de grabación cuando ambos nos abríamos paso. El destino nos llevó a un reencuentro en Puerto Rico, donde comenzamos a trabajar. El compadre me dijo un día:

—¿Para qué quieres canciones mías si tú escribes muy bien?

La respuesta fue muy simple:

—Porque me gusta lo que escribes y es totalmente diferente a lo que yo hago.

Juntos nos estrenamos en la coautoría, una modalidad que permitía unir dos visiones en una canción. Creo que he sido de los pocos afortunados de componer en mancuerna con Omar; la experiencia es maravillosamente agotadora, hasta caernos a guitarrazos. Fue en uno de esos encuentros cuando me mostró *Date un chance*, un tema destinado a otro cantante. Me opuse de inmediato y le aseguré que sentía que debía cantar ese texto y que, atrevido yo, quería grabarlo en una especie de mezcla entre nueva trova y salsa.

Al igual que otros, Omar no creía que un cantante joven que estaba experimentando el éxito con canciones de amor debería arriesgarse a interpretar un tema como ese, que abordaba el problema de la drogadicción, y que de alguna manera emitía una opinión sobre ese mal social que tanto nos estaba afectando. Muchos pensaron que el tema sería un fracaso, que sería terrible para mi carrera. Y pasó todo lo contrario, *Date un chance* es una de nuestras canciones más emblemáticas. Me lancé a filmar un video súper arriesgado para la época, y me propuse trabajar por y unido a causas que tuvieran que ver con enfrentar ese mal que iba penetrando sin misericordia entre la juventud.

Mi compadre nunca supo, y creo que se está enterando en este libro, porqué insistía y sentía tanto interpretar ese tema. Es más, nadie supo jamás que detrás de esa canción estaban tejidas las historias de amigos y familia que estaban en ese camino. La música me premió con la oportunidad de expresarme sobre un asunto que era muy mío, muy de mi corazón. *Date un chance* estaba incluido en la producción discográfica *Luces del alma*, uno de los discos más importantes de toda mi carrera.

¡Omar y yo vivimos el éxito juntos! En ocasiones, para ser honesto, más de una vez le noté preocupado y un tanto decaído por la naturaleza competitiva y difícil del negocio de la música. Yo sabía que Omar sería grande, que el éxito y la estabilidad que surgen del trabajo aceptado y aclamado tardarían muy poco en llegar, era solo cuestión de tiempo. Siempre creí en su genialidad, quizás creí más yo en él que él en sí mismo. Y no me equivoqué.

Después de esa hicimos muchas canciones más. Además, siempre me ofrecía nuevos temas para mis discos. Mientras grababa mi siguiente disco, bajo el título *Luis Enrique*, nos distanciamos un poco. Yo viajando, en la marcha del trabajo, y Omar inmerso en ese proceso de composición que le absorbía por completo. Muchos artistas gozaron del éxito de la mano de su autoría; fue en ese proceso de producir grandes letras cuando me habló de *Así es la vida*, una canción que estaba destinada para el colega salsero Marc Anthony.

Ahora me río cuando recuerdo que conversamos por teléfono y, bastante molesto, le dije:

—Compadre, ¿cómo se le ocurre darle este tema a Marc, cuando usted y yo ya sentamos un precedente con ese tipo de textos?

Desde el otro lado de la línea sentí su respirar profundo, es que me lo imagino. Su respuesta fue concisa:

—Bueno, ya tú estás grabando, así que no se me ocurrió enviártelo, porque, además, esa canción va incluida con otras que le envié a Marc.

¡*Pa'* qué fue eso! Me vestí de atrevimiento y me lancé a llamar a Marc para pedirle la canción, ya que Omar, ante mi insistencia, sentenció que él no se la pediría, porque no era ético y, además, el tema estaba dentro de un *cassette* con cinco canciones más.

Jamás olvidaré esa llamada a Marc. No contestó él, sino otra persona que, en un tono bastante altanero y agresivo, me preguntó quién era yo. ¡Ay mi Dios! Me afinqué en clave y le dije con la misma actitud con que me recibió: «Soy Luis Enrique y necesito hablar con Marc ya». El tonito surtió efecto porque me lo comunicaron *ipso facto*.

—Hey, Marc, ¿*what's up, bro*? —le dije.

—Eh, ¿qué pasó, flaco? —me contestó.

La carcajada explotó en mis adentros. ¡Flaco yo! De flaco a flaco…

Entonces le dije una mentirilla piadosa, cosa con la que me debatí, pero era mi única tabla de salvación para rescatar ese tema. Le comenté que Omar, por despistado, equivocadamente le había enviado en el *cassette* una canción que yo ya había grabado. Marc fue muy amable, me preguntó cómo se llamaba el tema y, cuando le dije *Así es la vida*, por obra y gracia de Dios santísimo me dijo que no la recordaba, que creía no haberla escuchado. Ni corto ni perezoso le dije:

—Mi hermano, pues ni la escuches, porque estoy terminando de grabarla en este momento.

Y, colorín colorado, la mentira había funcionado. *Así es la vida* formó parte de mi disco y una vez más el compadre y yo hicimos historia con una letra que trascendía el estilo de letra más convencional que entonces dictaba la salsa.

## ¿Que he superado las drogas?

Las causalidades no acabaron ahí con respecto al tema de la droga como mal social de los nuevos tiempos. Tan reciente como el año pasado, un periodista de un programa matutino de una importante cadena de televisión de Estados Unidos al que había sido invitado, luego de presentar su segmento con unas declaraciones precisamente sobre este libro —que entonces estaba escribiendo— cerró su nota diciendo:

—Bien, bien, tenemos nuevo libro, hay que leerlo, porque él tiene una historia muy interesante. Él ha superado las drogas [aquí me comenzó la taquicardia], cruzó la frontera [ahí la compuso un poco], los matrimonios que ha tenido [con esto me dio el infarto, no sabía si llorar o reír, o ambas cosas al mismo tiempo]... bien por Luis Enrique.

Como podrán imaginar, mi primera reacción fue de asombro ante estos comentarios. Luego pasé a sentir una especie de parálisis mental, a vivir la escena en cámara lenta. ¿Que he superado las drogas? ¿Que tengo varios matrimonios?

Muchas veces a lo largo de mi carrera artística he contado algún detalle sobre mi periplo al llegar a Estados Unidos. No es un tema nuevo, siempre he relatado que llegué ilegal a esta tierra y que durante mucho tiempo estuve indocumentado. Sobre mi vida sentimental he relatado muy poco, y solo a mis íntimos, pero, bueno, algo se ha dicho por ahí, aunque nunca me habían colgado varios matrimonios. Sin embargo, ese otro asunto, esa supuesta drogadicción, jamás lo había escuchado.

Sentí bastante coraje por la desinformación. Estaba seguro que el muchacho había cometido un error sin malicia ni propósito alguno. Sé que la nueva generación de periodistas no conoce a fondo las historias de artistas de épocas anteriores y que, para colmo, la inmediatez con que trabajan les impide estudiar a fondo al entrevistado. Cosa que no debe ser, pero, bueno, ni modo. Pensé en las consecuencias que esa aseveración podía tener para Luca, en la escuela, en su ambiente deportivo, en fin, que cualquiera que lo escuchara podía hacerse eco de ese comentario. Los hijos de los artistas a veces pagan el precio de la fama de sus papás y de la sarta de cosas falsas que se dicen.

Respiré profundo, pensé a conciencia en cómo reaccionar. Entonces se produjo una de las causalidades más gratas de mi vida. En vez de refutar el error, decidí convertirlo en un mensaje positivo que colocaría en mi blog, www.elblogdeluisenrique.com, para todo aquel que de una manera u otra necesitara recibirlo. Y esto fue lo que dije:

*Es momento de confesar hoy algo muy importante: sí, tengo problemas con las drogas. Un gran problema. Déjenme contarles con detalle:*

*Mi problema data desde hace muchos años, a finales de la década de los setenta, cuando comenzaba como músico y la cocaína era la droga de preferencia de muchos colegas y de gente en general. En el ambiente de aquella época era muy común ver a gente usar esa droga diariamente y observar cómo, poco a poco, su vida iba de mal en peor. Mientras consumirla les hacía sentir invencibles, sus rostros y los tics nerviosos, resultado del abuso constante, evidenciaban otra cosa. Se convertían en alguien más, una persona desconocida.*

*Amigos, lo más increíble es que gente muy querida y allegada a mí destruyeron no solamente sus vidas, sino las vidas de sus familias. Muchos profesionales, abogados, doctores, músicos, después de haber estudiado por años, se vieron sin profesión y viviendo en las calles,* mendigando una limosna no para comer, sino para seguir drogándose.

Algunos sobrevivieron a todos los demonios que desde niños traían por dentro, de alguna forma intentaban sanar sus heridas, al menos por un momento, aunque posteriormente se vieran encarcelados en un infierno más grande y más profundo del que se les haría muy difícil salir. Otros, desgraciadamente, murieron en el intento.

Como he estado muy cerca de personas adictas, he podido ver y sentir lo que padecen, he escuchado sus historias de vida, he podido sufrir lo que sufren cuando la puerta para salir jamás se abrió, al menos desde su visión. Todo el mundo les juzga y todo el mundo los abandona porque, claro, nadie quiere cargar con esa cruz. También he visto familias, hijos, amigos, hermanos, postergar su felicidad, por querer salvar y ayudar a su ser querido a seguir adelante. La adicción envuelve a todos, es un círculo que alguien tiene que decidir romper, principalmente quien la sufre. De no ser así, todo a su alrededor inevitablemente se destruirá.

También, tengo que decirlo, he presenciado momentos de mucha humanidad, de evidente amor por el otro, incluso de algunas personas con otras que jamás se habían conocido entre sí. Eso me ha hecho crecer inmensamente, me ha movido cada fibra para comprender un poco lo que se siente debajo de la piel de cada uno de estos hijos de la vida.

Sí, tengo grandes problemas con las drogas, porque hasta el día de hoy me duele haber perdido al amigo que se fue cuando apenas comenzaba su vida, ver a los hijos que jamás sabrán quién fue su padre o madre. Sí, tengo problemas con las drogas de esas que circulaban cuando era joven y con las actuales que son incluso peores, recetadas y amparadas por la ley. Esas drogas que día a día acaban con nuestra sociedad, mientras quienes las proveen perversamente se lucran indiscriminadamente con la debilidad y el sufrimiento del otro.

No excuso este comportamiento, no excuso a quienes son atrapados por la adicción, no excuso a quienes se autocastigan ni mucho menos a las personas que se llevan a sí mismas hasta la muerte. Como ven, este comentario de que yo tenía problema con las drogas es muy cierto. No porque las consuma, sino porque para mí son sinónimo de muerte, de ausencia espiritual, de poca autoestima y, sobre todo, de carencia de AMOR.

Lo que aseguró este periodista me molestó por solo un momento, hasta que recordé las verdaderas razones por las que sí tengo problemas con las drogas. Vale aclarar entonces que ni he tenido un problema de consumo, ni me he casado varias veces, y si crucé la frontera fue para llegar a este país a intentar encontrar mi destino. Y lo encontré.

Quise sacarle provecho a esta situación porque fue la excusa perfecta para abordar una vez más este tema. En el año noventa y uno con la canción Date un *chance, expuse mi posición sobre este cáncer social y hoy quiero nuevamente pronunciarme siendo coherente con lo que una vez dije: Dile NO A LAS DROGAS y SÍ A LA VIDA.*

Esta entrada de mi blog ha sido una de las más vistas en mi plataforma y me ha traído grandes satisfacciones, porque muchísimas personas se han comunicado por *inbox*, para contarme sus historias, los relatos de sus seres queridos, y me han agradecido, porque un escrito tan al grano y tan sencillo, nacido por causalidad, les ha inspirado, o ayudado a abordar el tema con sus hijos.

Entonces me reafirmo en que todo, todo en la vida, tiene una razón, un propósito mayor.

## *Otra tremenda causalidad*

Con mis amigos Camilo Valencia y Uka Green me pasa algo muy particular, muy de esa línea finita y extraña que trazan los destinos. Al igual que con Rafa, la música me unió a Camilo, quien está presente en mi trayectoria desde el primer disco. Se llama como mi abuelo materno, con el que me crié, y como mi tío favorito, ese que siempre me apoyó. Uka (este es su apodo), se llama Aurora, como mi madre, y, luego de pensar detenidamente durante años la razón de ese sentimiento tan familiar que me provocaba, caí en cuenta que físicamente es parecidísima a mi abuela materna, a Gertrudis

Baca Navas, y es tan querendona y regañona conmigo como lo fue ella.

Pues bien, hace cinco años, en el 2012, Uka comenzó a publicar y comentar con gran tristeza en su página personal de Facebook una noticia que había conmovido a todo Puerto Rico. El joven Stefano Steenbakkers Betancourt, de tan solo dieciséis años, había sido brutalmente asesinado en medio de un *carjaking*. La forma en que le arrebataron la vida simplemente por despojarlo de su auto fue horrorosa, una pesadilla. Su madre, Zorimar Betancourt, de quien Stefano se había despedido hacía tan solo unos minutos cuando compartían en una actividad familiar, llegó a la escena para encontrar a su único hijo varón en la carretera, destrozado, baleado.

Conmovido por los mensajes que Uka publicaba, la llamé de inmediato.

—¿Quién es ese chiquillo del que estás comentando? —le pregunté.

—Ay, Luis, ha pasado una cosa terrible, es una noticia tan triste… —me dijo. A continuación, procedió a contarme en detalle lo que iba leyendo en los medios.

Al momento de su muerte, Stefano tenía solamente dieciséis años, era un excelente estudiante, un chico muy querido, y se acababa de inscribir como donante de órganos.

—Y fíjate, Luis, qué cosa tan increíblemente fuerte, pero a la vez tan maravillosa. Este chico justo se inscribió como donante y sus órganos ya están siendo ubicados en pacientes que están en espera. Hoy salió el corazón —me contó.

Me quedé en *shock*, literalmente en *shock*. Caí en un silencio que al otro lado de la línea Uka sintió muy extraño. No podía hablar, no me salían las palabras.

—Luis, Luis, ¿qué te pasa?

—¿Hacia dónde salió esc corazón?

—No sé Luis, ¿por qué quieres saberlo?

—Busca, busca, que por ahí debe decirlo.

Ella siguió buscando en distintos medios hasta que encontró el punto de destino del corazón.

—Dios mío, Luis, lo enviaron a un paciente en Miami.

Caí en un silencio profundo, a pesar que la escuchaba a ella preguntándome qué me pasaba y si estaba todavía en la línea.

—Uka, esta madrugada me llamó Camilo, para decirme que iba rumbo al hospital porque lo habían llamado para operarle de emergencia, porque habían encontrado un corazón.

Ambos permanecimos en silencio, como detenidos en el tiempo. Colgué el teléfono y llamé de inmediato a la novia de Camilo para preguntarle de dónde venía ese corazón y la respuesta fue la que sospechaba: venía desde Puerto Rico, de un donante jovencito.

Fue así como descubrimos que el corazón de Stefano Steenbakkers Betancourt iba a ser depositado en el pecho de mi querido Camilo. Zorimar Betancourt, madre de Stefano, se propuso conocer a los receptores de los órganos de su amado hijo. Zorimar es prima lejana de Laura, amiga de Uka, y fue así cómo, de repente, me vi convertido en la *liaison*, en el enlace para que Zorimar conociera a Camilo y pudiera comprobar que el corazón de su niño querido latía fuerte y estable en el cuerpo de un hombre bueno, estupendo. De ahí nació una amistad de familia entre ellos.

Es impresionante cómo el universo se confabula para que ocurran todo tipo de cosas que *prima facie* te resultan imposibles, o extrañas. Ya les digo, soy fiel creyente en que todo en la vida es causalidad, no casualidad.

14

Mis viejos

*El mundo no es lo que veía*
*desde la ventana de mi cuarto*
*en el verano del 78,*
*vi una nube que crecía*
*y mi infancia que se iba.*

De *Autobiografía*, del álbum Ciclos

Creo que desde mi niñez extrañé a mi viejo. Aunque conté con la presencia, el amor y el apoyo de mis abuelos por ambas familias, aunque mi tío Camilo fue fundamental para asumir —aun sin quizás quererlo, o proponérselo— el papel de la figura a la cual yo quería emular, hoy estoy seguro de que nunca nadie pudo llenar el vacío que me produjo la falta de mi papá.

Recuerdo que lo he admirado desde siempre, desde ese preciso instante en que el niño toma conciencia de la figura paterna que tiene a su lado. Quería imitar algunas cosas suyas que a pesar de la distancia se quedaron siempre conmigo, como tocar percusión, bailar tan sabroso como lo hacía él, tener esa personalidad a veces seria pero siempre amorosa. Aunque, en el recuento de mis días de una parte de mi infancia y, después de la adolescencia, fueron pocos los momentos que pasamos juntos, esas memorias las guardé con celo en una cajita de recuerdos que solo yo sabía que existía.

La memoria infantil, ese espacito en el cerebro con el que nacemos y que poco a poco va desarrollando todo su potencial para atrapar momentos, se afana en quedarse pegadita, casi congelada, en esos instantes que pudieron ser muy simples, muy orgánicos, pero que fueron enormemente gratificantes.

Uno de esos recuerdos me lleva de regreso a mi pueblo de Somoto. Mi papá manejaba el coche y yo viajaba en el asiento de al lado, el del pasajero, atento a todo lo que hacía. Me fijaba en el movimiento de su mano en la palanca cuando tocaba cambiar las velocidades, que conllevaba una especie de ritmo que me gustaba. Es más, me gustaba tanto que se me quedó esa imagen adherida como si fuera una clase del lenguaje corporal del hombre que me dio la vida. Nunca he olvidado ese momentito que puede parecer insignificante, pero que para mí encierra cierta nostalgia y sentimiento.

Francisco Luis —ese es su nombre, pero los allegados le llaman de cariño *Chico Luis*— era y es un hombre guapo, que en su época de juventud vestía a la moda de esa generación a la que se le llamó *hippie*. A mí me gustaba muchísimo su estilo y hasta llegué a imitarle vistiendo pantalones tipo campana, a los que le hacía una abertura a los lados para que se abrieran más, y cortándole las mangas a las camisetas. Mi padre, que hoy tiene el cabello escaso, corto y canoso, como mandan sus años, llevaba entonces el pelo largo. Quise tenerlo tan largo como él, pero nunca me lo permitieron. Estaba prohibido. Eso lo hice después, ya de adulto joven y comenzando mi carrera artística.

El divorcio de mi madre interrumpió nuestra relación. La distancia también jugó un papel protagónico, él en Nicaragua y yo de ciudad en ciudad por los Estados Unidos. Nuestra relación de padre e hijo podríamos decir que fue esporádica, no hubo la constancia que tanto él como yo hubiéramos querido. Sin embargo, la vida nos dio una segunda oportunidad.

## El reencuentro

El reencuentro fue allá por los noventa. Yo era ya un adulto y mi personalidad había sido moldeada de cierta forma como consecuencia de haber crecido solo. Papá y yo nos aventuramos a un proceso de redescubrir quiénes éramos ambos, a conocernos de nuevo, a intentar recobrar recuerdos y reconstruir una historia a la que le faltaban pedazos. Durante mi vida solo, nunca me di cuenta de la fuerte presencia de su ADN en mi forma de ser, en mis gestos, en mis acciones, aun sin haber convivido tanto. Es interesante cómo los hijos heredamos características físicas y de personalidad de nuestros padres, y mucho más interesante resulta, cuando ya eres adulto, descubrir a tus padres en tal o cual parte de tu cuerpo, tales o cuales ademanes, en fin, en lo que somos al momento. La sangre es sangre.

No me queda duda alguna de que el arte lo heredé de él, que a su vez lo heredó de su papá, sus tíos y abuelos. La inclinación musical es como una corriente muy fuerte que navega por el interior de las familias. Los antepasados de mi padre le legaron mucho talento y algo de eso me llegó. Nunca logré dibujar como él, pero en los últimos años me he desdoblado en la fotografía. Voy por ahí explorando paisajes, detalles, gente, capturando la esencia de todo lo que voy viendo. Fotografiar ha sido una terapia maravillosa que me permite apreciar las cosas con una mirada que no conocía.

De mi padre intento todavía adoptar su ética, llevar en alto sus valores. A sus 76 años siento que ha pagado la cuota por sus errores y, por qué no decirlo, por experiencias agrias que fueron provocadas por decisiones de los demás. Gracias a mi viejo y a esa experiencia de redescubrirnos, he logrado ser y sigo trabajando en ser el mejor papá para mi hijo Luca. Reflexionar en las equivocaciones de mi padre —que no juzgo— me permite tratar de no repetirlas en la crianza de ese hijo adolescente que representa una nueva generación Mejía.

A mi viejo lo admiro y lo quiero. He aceptado que lo que pasó, pasó, así de fácil, y lo único que nos queda es abrazarnos el uno al otro con apertura y, sobre todo, con amor. Tengo la fortuna que mi padre esté hoy presente y activo en mi vida, tal y como se debe, para amarnos con todo, para crear nuevos momentos, para disfrutar de cada uno de nuestros encuentros y hacer que cada uno de ellos sea inolvidable. Nada borra el pasado, pero siempre hay espacio para escribir recuerdos nuevos. Agradezco inmensamente su apoyo, ese que solamente un padre puede darle a un hijo.

Siempre se dice que detrás de cada hombre existe una gran mujer. Creo que esta es una frase que se repite por todas partes, pero en este caso debo modificarla. Al lado de un gran hombre hay una gran mujer. Al lado de mi padre, esa mujer se llama Fátima Real, su esposa, su cómplice, una excelente madre, hija, amiga y hermana.

*Chico Luis* y Fátima se casaron, pero yo no la conocí hasta mucho después. Sicóloga de profesión, Fátima es la mujer que la vida nos regaló como instrumento para que nuestra relación de padre e hijo se reactivara. Sin haberme parido ni criado, me ha querido y abrazado en momentos cruciales de mi andar. Ha celebrado mi éxito como si yo fuera sangre de su sangre, me ha aceptado con mis virtudes y defectos y ha mantenido una presencia fuerte en mi vida.

En toda familia existe un núcleo, un grupo de integrantes que se encargan de llevar un poco la batuta de todos los demás y de conjugar muchas personalidades y vidas distintas. Mi padre, siendo el mayor del clan Mejía Godoy, tiene en Fátima una aliada guerrera que ha trabajado para que nuestra relación fluya y se mantenga lo más cercana y sana posible a pesar de tanto tiempo sin convivencia. Agradezco a Dios, porque a través de esta excelente mujer gané otro hermano, un hombre al que quiero y admiro, su hijo el doctor Octavio Caldera.

Es increíble cómo encaja conmigo la canción de mi compadre Omar Alfanno: *Así es la vida, así de irónica*. Después de tanto rodar, de tanta batalla en soledad, de tanto caminar en terreno incierto, hoy he recuperado algo que es indispensable y vital para todo ser humano: ese sentido de pertenencia que solo da la tierra en que se nace y, sobre todas las cosas, la familia que te tocó. No importan los inviernos y las tempestades si dentro de ellos he sabido encontrar el sol, el camino a casa, el hogar y el amor.

A mis viejos no puedo decirles otra cosa que no sea que les estoy agradecido y que los amo.

## *Cantor de manos jodidas*

Desde que tengo uso de razón conocí a mi tío Luis Enrique con este apodo. Es el título de una canción suya, que además es mi favorita y una de las primeras que aprendí a tocar en la guitarra. Siempre me pareció un apodo con mucho peso, porque comprendí, ya desde mi temprana conciencia, que su arte era comprometido, primero consigo mismo y después para con los demás; que sus armas más poderosas para guerrear eran su guitarra y la palabra.

Tengo muy presente en mi memoria al tío regresando de Costa Rica, país hermano a donde se había ido a estudiar y donde, increíblemente, descubrió su llamado en la música. En ese país se forjó, se fogueó con grandes músicos y eternos amigos, y comenzó a vivir una larga historia con la canción de autor, estilo que en la época se abría paso en el mundo.

Aún chigüincito —así se le llama a los niños en Nicaragua—, sentí y me percaté de la honestidad que brotaba de su voz poderosa. Cantaba con un *feeling* de vulnerabilidad, con esa fuerza interpretativa que ahondaba en la terrible injusticia que se veía y aún se ve en Latinoamérica y en todo el mundo.

Escuchaba su disco *Hilachas de sol* en casa de Nina, una tía bisabuela que me apapachaba muchísimo y que también tenía un negocio que quedaba como a tres casas de Mama Elsa. Allí pasaba cada tarde somoteña a tomarme un vaso de avena que preparaba con agua de tinaja. Recordando hasta se me hace agua la boca. Pues la Nina, como le decíamos cariñosamente, tenía un buen tocadiscos —que así se llamaban los equipos de sonido de esa época, donde se colocaban los discos de vinilo— e igual que a mí le encantaba escuchar ese disco de mi tío, por lo que, por mucho tiempo, casi todos los días, escuchaba junto a ella esa música teniendo sumo cuidado de no rallar el vinilo de tanto tocarlo.

En ese regreso de mi tío a Nicaragua, y especialmente a Somoto, nuestro pueblo, venía con el cabello largo, pantalones de corte campana y rebosante de energía y simpatía. Tenía un no sé qué y un qué sé yo al que en nuestra industria se le llama ángel. Jamás olvidaré esos días junto a él, escucharlo cantar fue sensacional, tanto que yo lo único que quería era imitarlo. Su estadía fue corta y su partida me dolió grandemente. No creo habérselo contado nunca, pero al irse se me quedó un vacío y un sentimiento muy triste, porque precisamente en esos pocos días nació una conexión inexplicable, esa que te hace querer a alguien aun cuando nunca han convivido, solo porque sí.

Con el pasar de los años, mi tío Luis y yo hemos forjado una relación que sobrepasa el que tengamos la misma sangre. Somos amigos, cómplices, colegas, a veces hasta padre e hijo. Al igual que con mi tío Camilo, el tío Luis ha sido un referente importantísimo en mi vida personal, y ni qué decir de la profesional, porque esos primeros intentos de cantar y tocar guitarra se los debo a sus canciones y a la admiración que siempre sentí por su obra.

Creo que en todas las familias grandes uno se identifica con una persona en particular, como que hay algo que los une más que con los demás. Y así pasa con este tío. Nunca imaginé, ni siquiera me atreví a soñar, que compartiríamos un escenario cantando, y *gracias a la vida, que me ha dado tanto*, como dice la canción, hoy esa experiencia, que fue en principio un sueño, ya se hizo realidad.

Hay una canción suya con la cual siempre me identifiqué mucho, *La herencia*, porque de alguna manera sentía que era mi viejo diciéndome esa letra. No sé, lo cierto es que lloraba siempre que la escuchaba. La honestidad con la que se expresa en esas primeras líneas me hacía, y todavía hoy me hace, pedacitos el corazón.

> *Yo quería heredarte mi trompo*
> *y mis botones de hueso,*
> *mi barrilete color chorcha*
> *para elevarlo en la cáscara del cielo,*
> *mis zancos con barro seco,*
> *recuerdo del último invierno.*
> *Pero hay un poema de sangre*
> *en las calles de mi pueblo,*

*en los ojos de los niños,*
*en las manos de los muertos,*
*que entonces decidí dejarte mi guitarra…*

Nada más escuchar esas primeras frases, las lágrimas rodaban por mi cara. Le prestaba mucha atención al texto, me concentraba y dejaba que cada palabra impactara mi ser removiendo hasta lo más profundo en mí, para luego tomar la guitarra e intentar sacar de oído aquellos acordes. Pero era muy niño para interpretar ese poema sin haber sufrido, sin haber atestiguado la injusticia, sin saber sobre la vida. Entonces no sonaba igual, porque la interpretación no tenía un trasfondo de vida, pero de todas maneras la cantaba, porque la intención de cantarla con sentimiento estaba y, sobre todo, mi interés de, al igual que el tío, comunicar lo que me hacía sentir cada acorde y cada palabra.

Mi tío Luis Enrique me ha ido dejando una herencia y creo que no lo sabe, su amor por el arte, su insistente terquedad en querer que el mundo sea más justo, su constante búsqueda, sus deseos por seguir curioseando cómo hacer las cosas, él con su *corazón de búho* y yo con mi *corazón de niño*, como me apodó él desde que hice mi disco *Timbalaye*. Para ese trabajo escribió algo hermoso para explicar el significado de ese nombre, basándose en mi historia.

De él aprendí a ser solidario y sus acciones, por encima de sus canciones, son la prueba del grandioso ser humano que es. Imposible hablar de mi tío y que de mi alma no se desprenda un sentimiento del bueno, máxime cuando hasta tenemos experiencias iguales, aunque no compartidas. Además de tener el mismo nombre, ambos partimos hacia el extranjero, ambos triunfamos fuera de nuestro país. Yo lo hice siendo un poco más joven que él, pero la historia es bastante similar. ¿Coincidencia? Quizás.

Seguramente por haber atravesado un camino parecido sabe lo difícil que es abrirse paso en otras tierras, lo terriblemente fuerte que es ser extranjero. Ojalá pueda yo, querido tío *Corazón de Búho*, heredarle algo bueno a este mundo que está tan confundido y cada vez más violento, así como vos lo has hecho conmigo y con muchos más que han tenido la dicha de conocerte. Las canciones y el arte, tal cual lo aprendí de vos, es la mejor tribuna para hacer desde ahí una labor edificante en la que el amor prevalezca y logre librarnos de las cadenas del pasado.

Mi tío Luis Enrique plantó en mí una semilla y hoy quiero regalarle el fruto de esa siembra, amor por la vida y la vida por el arte. Siempre agradecido del *Tío Corazón de Búho, Cantor de Manos Jodidas.*

# 15

# De regreso

*Esta vida es igual que un libro,*
*cada página es un día distinto.*
*No tratemos de correr antes de andar.*
*Esta noche estamos vivos,*
*sólo este momento es realidad.*

**De** *Yo no sé mañana*, **del álbum Ciclos**

i compadre Omar —quien se preparaba para un evento y se estaba quedando conmigo en casa— trabajaba en una participación acústica que, si mal no recuerdo, sería en una entrega de premios importantísima para la industria. Yo estaba en medio de esa vorágine tormentosa que conllevan los divorcios, debatiéndome en medio de una tempestad dominada por esas emociones que te tiran al suelo y que ineludiblemente te hacen sentir fracasado. El proceso de divorcio es muy duro, aun cuando ambas partes están de acuerdo, y, por muy seguro que estés de estar tomando el paso correcto, sientes en lo más hondo de tu ser que de alguna manera se le falló al amor.

Resulta entonces que, en ese concierto para el que se preparaba, Omar estaría acompañado de Sergio George. Este era un productor conocido por sus éxitos en el género de la salsa, en voces como la de Marc Anthony e India, y había producido varios de los temas de mi compadre precisamente para Marc. Sergio se presentó a la casa para repasar junto a Omar los detalles de su presentación. Yo estaba trabajando en mi estudio de grabación, un espacio pequeño pero sabroso, que preparé en mi casa para trabajar con comodidad y con esa conveniencia de no tener obligaciones en cuanto a las horas. Sergio y Omar repasaron el tema y al finalizar nos fuimos a tomar un café en un Starbucks cerca de casa.

¡Cómo son las cosas! En el trayecto, Sergio George me preguntó en qué andaba, qué estaba haciendo y qué tenía en planes. La curiosidad le invadía. A partir de 2001 hice una pausa de casi ocho años para disfrutarme el nacimiento de mi hijo y dedicarme por completo a él. En términos de música hacía cosas esporádicas, grabé discos que para mí fueron importantes, como *Evolución*, *Transparente*, y uno muy especial para mí que se llamó *Dentro y fuera*. Sin embargo, estos proyectos no gozaron del apoyo de disqueras, los lanzamos de manera independiente, con mi entorno de amigos como apoyo, y como resultado creo que solamente mis más fieles seguidores los tienen. Mi prioridad en ese momento era dedicarme en cuerpo y alma a Luca, porque el tiempo perdido no vuelve y porque, en vez de sentirme frustrado profesionalmente, vi que la vida movía las fichas necesarias para darme la oportunidad de tener un tiempo valiosísimo como padre y sembrar en mi niño el inicio de la extraordinaria relación que tenemos desde entonces.

Fui honesto con Sergio y le expresé que estaba en ascuas, que no sabía qué vendría, pero que si de algo estaba seguro era que no quería hacer más de lo mismo. Nunca fui un molde de galletitas, un *cookie cutter*, como dicen en inglés. He sido fiel a mi estilo, a mis fusiones y, sobre todo, a las letras que brotan de mi mente y mi corazón. No quería hacer un disco más como cantautor de salsa y estaba dispuesto a correr el riesgo y pagar el precio. Los artistas tenemos hambre de éxito, pero no de un éxito flotante, sino de ese que tiene raíces, que se construye a fuerza de música de la buena, de verdad, y que al final es toda una aventura con sus puntos bajos y sus instantes culminantes.

## El entusiasmo de Sergio George

Encontré eco en Sergio. —*Let's do it!* —me dijo. Pero, bueno, entre músicos siempre se dice *vamos a* hacer algo juntos, trabajemos, y al final cada cual está ensimismado *en sus* proyectos y lo que en principio es un deseo sincero luego se convierte en humo. Pero Sergio me hablaba en serio. Estaba creando una pequeña compañía disquera y le entusiasmaba la posibilidad de juntarnos a trabajar. Pasaron unos meses después de esa plática, había silencio y el proyecto había quedado en la nada. Pasado un tiempo me llamó y, con su estilo bromista y su humor neoyorquino, me preguntó:

—Luis, ¿estás listo *pa'* grabar?

—Loco, te desapareciste y, por supuesto, no estoy listo —le contesté.

—Tenemos que chequear el repertorio, tengo muchas canciones, ¿cuándo nos vemos?

De inmediato acordamos la fecha. Eso de coordinar agendas en nuestra profesión es algo complicado y comiquísimo,

como un vericueto de fechas y horarios al que hay que meter-
le ganas para poder enderezar y encontrar un determinado
tiempo, pero afortunadamente logramos encontrar el espacio
ideal para coincidir en la agenda de ambos. Fue así como
comenzamos el proceso creativo de escuchar posibles canciones que integraron la producción discográfica *Ciclos*.

¡Ah, no, no, un momento! Causalidades, ¿recuerdan lo
que les conté?

## Causalidades para mi regreso

En las épocas oscuras siempre aparece la luz. Es como si
te recompensaran los pesares con algo emocionante que te
sacude y te regresa a la pista. En esos días en los que pasaba
un letargo emocional apareció Nemesio González, un amigo de mucho tiempo, de quien estuve distanciado por cosas
del destino sin imaginar que en el futuro nos aguardaban
muchas alegrías juntos.

Mi amigo, el cantautor Raúl del Sol, nos conectó nuevamente y comenzamos a compartir en esas bohemias tan
sabrosas en las que no hay prisas ni nombres artísticos, sino
música, solamente música. Estábamos todos tan enfebreci-
dos con ese ambiente que se produce en las bohemias que
nos enganchábamos casi todos los días. Una de esas noches,
Neme y yo hablamos sobre la posibilidad de trabajar juntos.
Y así fue. Aunque Neme no tenía experiencia manejando

artistas, porque lo suyo era el comercio, creí ciegamente en su potencial para negociar, en su eficiencia, y en que abogaría para que todo proyecto se diera de la mejor manera. Yo tenía muy claro lo que quería, lo que necesitaba era un aliado para defender el proyecto.

Acordamos retomar mi carrera. Ya tenía ganas yo de presentar nueva música, de sentir ese nervio y esa adrenalina que te da el escenario, de disfrutar del cosquilleo que vives cuando escribes, cuando enlazas una palabra con otra y vas viendo que el resultado es una canción que te encanta, que te sacude el corazón. Compartí con Neme el interés de Sergio y pensamos que todo se estaba dando como indicación que ese era el momento. Nunca había grabado un disco completo con Sergio George y nada nos preparó para lo que se nos venía encima.

Cada vez que entro al estudio de grabación siento la misma emoción que experimenté aquella vez en mis comienzos, específicamente en 1987, en la ciudad de Miami con el disco *Amor de medianoche*. A pesar de tantos años haciéndolo, todavía me queda capacidad de sorpresa en ese proceso creativo que tanto me fascina. Este disco me llenó de vida desde el inicio. Sergio y yo hicimos una excelente dupla, nos entendíamos y compartíamos la dirección. La energía que se producía al trabajar era fenomenal. Ese enlace entre el artista y el productor es sumamente importante. Hay que hacer *clic*, tener la misma visión, o comprender la visión del otro, para poder entrelazar ambos talentos y perspectivas. Logramos canciones maravillosas que representaban momentos vividos. El universo movía todas las piezas para que encajaran y yo estaba encantado.

Me comuniqué con Jorge Luis Piloto, ese reconocido maestro de la composición que tuvo presencia en mi carrera desde el principio y en muchas de mis producciones. Hacía tiempo que no trabajábamos juntos y, por sugerencia de Neme, queríamos que el *track list* no fuera solo mío, sino que incluyera canciones de otros compositores, y Piloto era perfecto.

Me envió seis canciones increíbles, pero no me quedaba ninguna. Los temas que uno interpreta deben ser como un traje cosido a la perfección por un sastre. Eran increíbles, repito, pero no eran para mí, no me quedaban, no me veía cantándolas. Si las cantaba por compromiso, no las representaría bien. Podía cumplir grabándolas porque eran temas de corte comercial, de esos que tienen una acogida garantizada en el gusto popular, pero mi criterio de hacer algo diferente y fiel a mi onda prevalecía por encima del deseo de pegar. Entonces Piloto y yo nos enfrascamos en ese diálogo en el que el artista define lo que está buscando para que el compositor tenga una guía de base para crear.

## Amor a primera vista

Lo que buscaba era algo muy simple, una de esas canciones suyas de las que me había enviado siempre, esas que quizás uno no piensa que son *radio friendly,* pero que tienen ese naci-miento orgánico en el corazón, en un rincón íntimo del autor.

—Bueno —me contestó luego de un ratito platicando—, tengo un tema que escribí con Jorge Villamizar, se llama *Yo no sé mañana.* No tengo un buen demo del tema, pero puedo enviarte la sesión de composición en la que Jorge y yo la canta-mos para que la escuches y me digas si por ahí va la cosa.

¡Dios bendito! Solo con escuchar el inicio, el corazón me brincó de alegría, se me activó el instinto. ¡Se había hecho la luz! Esa era mi canción. Llamé a Piloto de inmediato, y recuerdo que le dije:

—Hermano mío, ahora sí le dimos la patada a la lata, ese es el Jorge Luis Piloto que yo conozco y admiro. Envíame por favor un demo, porque tal parece que ustedes estaban cansados y en algunas partes no entiendo la letra. Además, me gustaría que reescribieras el *bridge* (puente).

*Yo no sé mañana* me dio ese tucutucu que estremece cuando haces contacto con *la* canción, cuando sientes el corazón sonando como una tumbadora y en la boca el sabor del éxito, y no necesariamente del que representa la acogida a nivel comercial, sino el que se produce cuando interpretas en un estudio, o en un escenario, un tema que te encanta, que te fascina.

Además, esa frase de *Yo no sé mañana* encajaba perfec-tamente conmigo, porque resumía la filosofía que me había permitido sobrevivir esos años de tanto dolor y sacrificio, esa etapa en la que me concentraba en el hoy, en el hoy qué haré, dónde dormiré, qué comeré, qué lograré. Su significado iba mucho más allá del romanticismo melódico y cruzaba como un grito que me ubicaba en el presente, porque el pasado ya no estaba, y el futuro siempre era lejano, incierto, nublado.

Piloto, que es un compositor de renombre, se emocionó mucho con mi entusiasmo. Y yo más todavía. No había tiempo que esperar y escribió ese puente que dice:

—*Esta vida es igual que un libro, cada página es un día vivido no tratemos de correr antes de andar. Esta noche estamos vivos, solo este momento es realidad. Oh, oh, oh, oh...*

Ya en el estudio, a Sergio le parecía una gran canción, pero no estaba del todo seguro. Le pedí que le diéramos al tema una oportunidad, como se la habíamos dado a otras canciones, que, si no nos gustaba cómo sonaba con la voz de referencia y el ritmo, pues la dejábamos de lado, pero que al menos la grabáramos antes de tomar una decisión final.

Así fue, aun con una voz de referencia la canción brillaba, tenía esa frescura, esa pegajosidad, ese no sé qué que te contagia y te hace cantarla y repetirla tan pronto la escuchas. Recuerdo que hasta un chico filipino que trabajaba en el estudio me preguntó por ella cuando entró a escucharla en la etapa en que aún le faltaban los metales (instrumentos de viento). Es un tema nuevo, le expliqué, a lo que me respondió:

—¡*That's a hit song*!

*Yo no sé mañana* había nacido de Piloto y Villamizar para convertirse en la bandera que me traería de regreso al pentagrama musical luego de una pausa, conquistando todo tipo de público —adulto y joven— a su paso. Era el tema que me devolvía a la industria, era lo que llaman un *comeback*.

A la grandeza del tema se sumó un equipo de trabajo de excelencia que Sergio reunió bajo el sello Top Stop Music para mercadear el disco. Había que realizar un trabajo arduo. El público y los medios habían cambiado y fue necesario armar una estrategia para refrescar la memoria de aquellos que me conocían y para darme a conocer entre los que no sabían de mí. Se invirtieron muchas horas en reuniones, en llamadas de conferencia, en planificación. Se diseñó un plan de promoción de gran amplitud en el que todos los detalles encajaban, estaban súper afinados y completos. El equipo que trabajó junto a nosotros tenía mucha fe en el tema, estaban comprometidos cada cual en su área y convencidos de que la canción, el disco y mi regreso serían lo que en la industria llamamos *un palo*.

Todo se alinea, todo fluye cuando se trabaja desde el alma, cuando la base es el cariño, el riesgo, y cuando la *fe* es más grande de lo que en algún momento uno vivió y visualizó. Recordé que, en una de mis visitas a Brasil, una señora me preparó una carta astral, que es una especie de mapa de los planetas situados en los signos del zodíaco y en las casas astrológicas en un momento preciso, el de tu nacimiento.

La mujer, que para nada me conocía, me dijo:

—No sé quién eres ni qué haces, pero sí te puedo decir que, de acuerdo a lo que veo en tu carta, serás más grande de lo que alguna vez fuiste, aunque deberás llenarte de paciencia porque no sucederá hasta el 2009 o el 2010.

Esto fue en el 2002, imagínense lo que pensé a tanto tiempo que eso sucediera. Nunca he sido muy creyente de esas vainas; de hecho, se me olvidó hasta ahora que escribo este libro. Sin embargo, la mujer acertó.

En el 2009, *Yo no sé mañana* fue el motor bajo mis alas, el tema que me llevó de regreso a un escenario amplio frente a un público nuevo. Antes recibí cuatro nominaciones al Premio Grammy norteamericano, pero nunca lo había ganado y *Yo no sé mañana* me hizo merecedor de un Grammy norteamericano y dos latinos. Ocupó los primeros lugares de la radio en todas partes, la gente la escuchaba, se la aprendía y la cantaba. Hasta me ayudaban como un gran coro en mis presentaciones y conciertos.

Ciertamente, las experiencias que he vivido en el camino han estado llenas de grandes lecciones, de momentos interesantes como este que les he contado, como la salida de un divorcio para alzar un vuelo nuevo, a pesar de que la industria me había enterrado hacía años. Alzo el vuelo lleno de sueños, con amigos entrañables y personas que, como en el caso de *Neme*, llegaron para quedarse.

16

Ciclos

*Yo no sé mañana,*
*esta vida es una ruleta*
*que gira sin parar.*

**De** *Yo no sé mañana,* **del álbum Ciclos**

*iclos* es un nombre bastante atípico para un disco. Es más, suena rarísimo y nada pegajoso o comercial. Así que no era de extrañar que el equipo de trabajo no lo aceptara de inmediato, que dudaran de su efectividad y que no les encantara. Sin embargo, por cosas puramente del destino, me empeñé en esa palabra como título de mi decimonovena producción discográfica, que llegaría al mercado en ese 2009 bajo el sello Top Stop Music.

Ninguna de las diez canciones que componían la propuesta musical se llamaba *Ciclos*. Tampoco la palabra protagonizaba la letra de ninguno de los temas. Era un título que no tenía nada que ver con el material que presentaba, así que quedaba como un misterio inexplicado para todos, menos para mí, porque ese nombre guardaba un significado especial y sumamente importante.

Derivada del griego, la palabra «ciclos» se refiere a un periodo de tiempo que una vez finalizado vuelve a empezar. Nada más preciso para describir mi vida personal y musical hasta ese momento, lo que había pasado y lo que sentía.

# Una vida de ciclos

Mi vida comenzó feliz, con una infancia acunada por el amor de una familia centroamericana, de sangre latina, con sus aciertos y sus equivocaciones, pero en la que el amor prevalecía por encima de todo. Somoto marcó el origen de mi vida, de mis memorias, de mi crecimiento, imprimiendo en mi alma momentos especiales en mi formación como hombre, como ser humano.

Luego la vida me expulsó de mi tierra y no me quedó otra que obedecer ese mandato interno de la supervivencia en suelo extranjero, sin parientes, sin afectos, sin techo y con una mezcla de angustia e incertidumbre que parecía eterna. Se supone que uno nace para ser feliz. Ese debe ser el propósito de todos en esta vida y la misión de la familia que nos rodea. Pero en mi caso, desde muy chiquillo conocí la tristeza, la infelicidad, el miedo, sentimientos oscuros que casi me vencen, pero que por obra del cielo me empujaron a continuar y me dieron fuerzas para perseguir mi misión, que era, obviamente, la música, el mensaje, el amor, la paternidad, en fin, todo lo bueno que pudiera dar.

Las heridas dejaron sus marcas. Es interesante cómo con el tiempo éstas van cambiando y pasan de un color emocional intenso hacia una claridad sentimental llena de luz. Aprendes a vivir con cada cicatriz y hasta llega el momento en que te olvidas de su existencia. Y sigues, siempre sigues.

Logré caminar a pesar del peso de las malas experiencias, me encontré a mí mismo y pude continuar hacia mi derecho de realizarme y ser feliz. Así que *Ciclos* se refería, más allá de un título, a la crónica de una vida que nadie imaginaba y mucho menos conocía. Reiteré mi deseo que ése fuera el nombre del disco que representaba mi regreso a la industria después de una pausa de casi ocho años. No tenía nada que perder y sí mucho que ganar con ese lanzamiento que me devolvía a mi hábitat, el estudio, y a mi plataforma orgánica, el escenario.

*Ciclos* fue un disco exitosísimo, que tuvo como antesala la salida sólida al mercado de un primer *single* que irrumpió con fuerza huracanada en el pentagrama latino: *Yo no sé mañana*. La enorme acogida que tuvo la canción no nos sorprendió, porque creíamos en ella y estábamos confiados que calaría en el gusto del público, pero nos estremeció, porque no esperábamos que fuera tan rápido, con esa inmediatez que casi te agarra desprevenido. No habíamos previsto que su efecto fuera tan profundo, que se extendiera a todo lo largo y lo ancho de los mercados hispanoparlantes.

Los periodistas jóvenes indagaron en mi carrera y se dieron cuenta que traía una trayectoria a cuestas, se enamoraron del proyecto y fueron partícipes de su éxito con una colaboración en sus medios que hasta el día de hoy agradezco. Los comunicadores de más años ya me conocían y me recibieron con cariño y respeto, como si el tiempo no hubiera pasado.

Siempre estaré agradecido por el espacio que me dieron en sus medios.

Al unísono, mi ciclo de vida había trascendido el sabor amargo del divorcio y me había llevado al terreno de la paternidad feliz y comprometida. Luca pudo vivir la satisfacción profesional de su padre, me vio realizado, contento, con esa seguridad que te viene con el éxito de lo que has trabajado, no importa su tamaño.

## Agua bendita

Fue en ese tiempo cuando llegó Lilia. A pesar de que atravesaba un excelente momento, en mi vida personal no había espacio para el amor de pareja. Podría decirse que no pensaba en la posibilidad de enamorarme de nuevo porque toda mi alma estaba concentrada en el trabajo que acababa de lanzar y que requería mi atención y mi tiempo. Pero las bendiciones son así, llegan cuando menos te las esperas y hay que recibirlas y abandonarse a ellas. Y eso es ella para mí, agua bendita.

Lilia Piccinini apareció en el mejor de mis momentos, no porque estuviera disfrutando de un nuevo aire en mi carrera, sino porque estaba suficientemente maduro y preparado para entregarme en una relación. A mis cuarenta y tantos años estaba listo. Nunca pensé unir mi vida a una mujer mucho menor que yo, pero Lilia era diferente, tenía ese algo que es un tanto difícil de describir, pero que se siente profundamente.

Es una mujer hermosa, de una tez blanca que contrasta con su cabello grueso y oscuro. Posee una personalidad que entremezcla madurez, capacidad y dulzura. Es de pensamiento libre, de análisis inteligente y de una fortaleza que admiro. Lo más increíble es que esta maravillosa mujer con la que he compartido mi vida durante ya siete años es nicaragüense, así que nos unen nuestras raíces, nuestra cultura, nuestros gustos, nuestra forma de ver la vida. Hemos nacido y sido criados en el mismo suelo en el que muchos años después nos encontramos para tomarnos de la mano y caminar juntos hacia el futuro.

Encontrar a Lilia me llenó de alegría, de un amor libre y diferente. Aunque al comienzo se me hizo difícil soltar la libertad absoluta de la cual gozaba, el sentimiento entre ambos fue creciendo aun en la distancia, llenándonos de fortaleza para salir airosos de los retos, los errores. Podría decir que comencé a tener una forma de amar mucho más madura, aprendí que no había que tener prisa, así que ir paso a paso y no desbocadamente me ha hecho disfrutar de cada uno de los momentos que hemos ido creando. Ha sido una colaboradora incondicional en mis proyectos, la fuerza que alimenta mis sueños hasta llevarlos a ser realidad. Es ella la que me llenó de valor para poder compartir esta historia con todos ustedes.

Aprender a amar bien, aceptar al otro con todo el bagaje acumulado en el trayecto no es nada fácil, pero, cuando el amor es de verdad, mucho de lo que trae esa maletita se comparte. Verla crecer, hacerse mujer y ser parte de su vida es algo que agradezco infinitamente.

Podría decir entonces que mi ciclo estaba completo. Que el principio y el final se habían encontrado no sin antes haberme moldeado a fuerza de toda clase de vivencias y sentimientos. Ése era el misterio del título *Ciclos,* ése era mi secreto.

Como dice ese hermoso vals peruano de César Miró: *Todos vuelven a la tierra en que nacieron, al embrujo incomparable de su sol, todos vuelven al rincón donde vivieron, donde acaso floreció más de un amor.*

*17*

*Autobiografía*

Como olvidar el barquito de papel
flotando sobre el río de la calle,
la guitarra del abuelo Carlos,
las peleas de gallo del abuelo Camilo,
y la pulpería de la Mamá Elsa,
el almendro de donde la Tere
y las canciones de mis tíos.
Nunca voy a olvidar.

**De** *Autobiografía*, **del álbum Ciclos**

*T*odo comenzó con una canción. El compositor Jorge Luis Piloto, en una sesión que habíamos acordado tener, me preguntó por qué no escribía una canción que hablara de mi historia, que describiera quién soy verdaderamente. Recibí esa sugerencia como si fuera una señal de los tiempos. Hasta entonces nunca había escrito una canción que hablara sobre las verdades que llevaba adentro, que relatara brevemente de dónde vengo y que dejara al descubierto ese sentimiento de extranjero que he llevado encerrado en mis adentros durante tantos años.

Me pasa algo curioso con Piloto. Grandísimos artistas han grabado sus temas, pero creo que he sido el más recurrente. Y, a pesar que esas voces importantísimas del pentagrama hispano le grabaron canciones que se convirtieron en éxitos contundentes, no fue con ellos con quienes alcanzó el máximo galardón. Fue conmigo, *Yo no sé mañana* nos valió a ambos un Grammy Latino.

Siguiendo su propuesta, con Piloto escribí *Autobiografía*, un tema que musicalmente fusiona la salsa con la nueva trova, lo que siempre me ha parecido una unión deliciosa, porque de las mezclas de sonidos y culturas siempre nacen hijos muy lindos. El tema nació en medio de la preparación de *Ciclos*. No había sido pensada como otras letras que uno lleva en la mente, que garabatea en un papel y las mantiene guardadas para finalizarlas después y sacarlas a la luz cuando llegue su momento. Este caso fue diferente, al comenzar a escribir sobre mi origen y mi estatus de extranjero junto a Piloto, la letra nos salió de un tirón. Era como si hubiera estado dormida aguardando el tiempo perfecto.

Este tema, que me da grandes alegrías y satisfacciones en todos los escenarios en los que la he cantado, fue la chispa que encendió la iniciativa de escribir este libro. Digamos que fue lo que me llevó a considerar la idea de crear una crónica de todo lo que he vivido y sobrevivido. De repente me percaté de que mi vida parece el libreto de una película y que esa misma trama y ese mismo guion han sido protagonizados por miles de personas que han pasado por lo mismo, que han conocido el mismo suplicio, el mismo temor y que han sufrido tan intensamente como yo. Entonces ¿por qué no plasmarlo?

En el proceso de documentar mental y emocionalmente mi vida he llorado, he reflexionado, he sentido coraje, he viajado con mi imaginación a mi patria para capturar instantes de mi infancia. He revivido las diferentes tonalidades del dolor desde una madurez contemplativa, analítica, a sabiendas que el resultado final es ser el hombre que soy.

No pretendo ser ejemplo para nadie, pero, si de alguna manera mi experiencia le sirve a alguien para no rendirse y superarse, para mí será una bendición. Pretendo, sí, que se conozca esa vida ignorada que hay detrás del artista, de ese que se para en la tarima para dejarse la piel, el alma y el corazón sin importar la carga que lleve encima. Escribir ha sido un ejercicio que me ha llevado a recordar pedazos fundamentales de quién soy. Compartir estas páginas ha conllevado abrir un poco ese telón de la privacidad, porque contar ciertos tramos de mi existencia no ha sido del todo agradable.

## *Matún*

Pero este libro no es solo mío. Mi hermano *Matún* es coprotagonista de la parte más agria de esta historia que enfrentamos los dos teniéndonos únicamente el uno al otro. *Matún*, como le llamamos desde niño, es mi héroe. Es un hombre de apariencia tosca, grandote y guapetón, que lleva por dentro caudales de ternura alrededor de un corazón enorme y bondadoso. Es un tipo magnífico mi hermano, de esas personas que justo al conocerlas te caen bien, porque irradian energía y simpatía.

Soy el mayor, nos llevamos dos años, y durante esa etapa triste de nuestra historia él creció de tal manera que entre nosotros no había diferencia. *Matún* ha sido mi cómplice, mi compañero, la persona que realmente conoce lo que pasé, lo que sentí, lo que he luchado… ¡lo que hemos luchado!

El sufrimiento forjó entre nosotros una especie de conexión que quizás de otra forma no se hubiera dado. El amor incondicional ha sido capaz de atravesar las pruebas más duras, sobreviviendo para luego fortalecernos, entendernos, aceptarnos; sí, sobre todo, aceptarnos. Ya les digo, este libro no solamente encierra en sus páginas mi dolor, sino también el que padeció mi hermano. Algunos de los hechos que vivió no me los contó, seguramente para evitar mi reacción inmediata y visceral. Sospecho que soportó muchas injusticias.

*Matún* siempre fue más talentoso que yo, un bailarín de primera, de esos que te tientan a imitarlo, con una capacidad rítmica impresionante. De chiquillos me superaba en el piano. Aquella maestra de piano en la casa de monseñor lo adoraba porque era muy responsable y hacía su asignatura, mientras que conmigo se frustraba porque siempre quería tocar de memoria y a mi gusto.

Con el tiempo, mi hermano y yo tomamos cada cual nuestro camino, hasta que llegó la oportunidad de reencontrarnos, limar cualquier aspereza que hubiera ocurrido, reparar y aceptar los errores que por ignorantes ambos cometimos y retomar el camino que desde niños nos hizo, en vez de dos, un solo corazón. Admiro a mi hermano, he aprendido de su fortaleza, de su vulnerabilidad, lo amo como se deben amar los hermanos, con sentimiento del bueno, con respeto y solidaridad. *Matún* es el padre de mis tres sobrinos, a quienes adoro con todo mi corazón.

Escribir *Autobiografía* me ha hecho tomar conciencia de que nuestra cruz tiene sus sombras, a veces en conjunto, otras por separado. Me gustaría saber todo lo que *Matún* pasó, esos momentos oscuros en que no estuve a su lado para defenderlo y abrazarlo. Su dolor me destruye, me aplasta, me duele como si fuera mi hijo, como si todo eso que desconozco me hubiera sucedido a mí.

Afortunadamente, hoy puedo decirle que siempre estaré para él, que justo en medio de toda la gente que le quiere estoy yo, porque toda la vida, hasta nuestro último respiro, será mi hermanito menor, el tío de mi hijo, el único que conoce a profundidad esa parte tan amarga de mi vida. Escribo este libro por mí y por él. Va por vos, para vos, por nosotros. Te amo, *Matún*.

No puedo dejar de incluir en este esfuerzo a mi hermana Vanessa, la consentida de mi abuelo Camilo. Vanessa llegó de niña a nuestras vidas, cuando vivíamos en Somoto. Su llegada me emocionó muchísimo y desde aquel momento se convirtió en mi hermanita querida. Hoy es una mujer increíble que también me ha regalado un sobrino y una sobrina a quienes quiero muchísimo.

Vanessa es una de esas personas a las que la bondad y el corazón noble se les evidencia de pies a cabeza. Jamás he conocido a alguien como ella, jamás la he escuchado quejarse de lo duro que puede haber sido su vida en diversos momentos. Nuestra conexión y amor de hermanos va muchísimo más allá y por encima que nuestros papás no sean los mismos.

Siempre será mi hermanita, la llevo en un cofrecito en el alma, la admiro y amo con todo. Este libro también es para ella.

## Me lo he disfrutado

Admiro a los grandes escritores que viven inmersos en el proceso de expresarse hurgando entre palabras y modos perfectos para comunicar con precisión. ¡Pero me lo he disfrutado! Vaya si me lo he disfrutado, de principio a fin, como quien se queda sin aliento ante una emoción de proporciones desmedidas. He revivido, lo que es decisivo cuando se pasa la curva de los cincuenta, y en ese revivir he pensado en mi hijo, a quien le queda este libro como un testimonio que recopila partes y detalles que no conoce sobre su papá, de manera que pueda hacer conmigo ese viaje al pasado.

Siempre seré un extranjero, ése ha sido mi destino, pero junto a mí caminan miles de hombres y mujeres que, al igual que yo, se han refugiado en la misericordia de aquellos que aparecen en su camino para alimentarles su cuerpo, su alma y su espíritu. Son tantas las historias…, todas tan individuales y al mismo tiempo tan colectivas. Todos tenemos nuestra autobiografía y confío en que, por medio de la mía, a estos miles de hermanos les llegue un soplo de aliento que les dé fuerza para continuar.

Todavía me faltan páginas por escribir, pero para ello me queda aún mucho por vivir. Solo espero que esos relatos que faltan sean felices de principio a fin, no como los primeros capítulos de mi vida, que se bambolearon entre una alegría infantil y un dolor de adolescente desesperado. Afortunadamente, la vida también me ha sonreído y, como se dice en el argot popular: ¡nadie me quita lo bailado!

He aprendido que la felicidad radica en crear esos momentos que nos hacen sentir por los cielos, que nos *conectan* con algo mucho más grande que nosotros, dando y aprendiendo a recibir, sin reciclar el pasado, para no permitir que sabotee lo que podría ser el presente. Al final, la vida es eso, el presente. Lo que se haya vivido solamente nos puede hacer crecer para ser mejores seres humanos.